乱気流時代を勝ち抜く経営

『智慧の経営』を読み解く

HSU

石見泰介
Taisuke Iwami

まえがき

大変な時代がやってきたものです。

本年、２０１４年は、消費税が５％から８％に上がり、電気代も上昇し、前代《ぜんだい》未聞《みもん》の巨大台風が日本列島に襲いかかり、御嶽山《おんたけさん》の火山爆発もありました。

海外においても、イスラエルとパレスチナの紛争のみならず、「イスラム国」の常軌を逸した事件の数々。中国も世界の覇権を虎視《こし》眈々《たんたん》と狙っており、香港の民主化運動からも目が離せない状況が続いています。

経営者にとっては、とても枕を高くして寝ることができる状況ではないでしょう。いつ、自分の会社に火の粉が降りかかってくるか、戦々恐々《せんせんきょうきょう》としている状況ではないかとお察しいたします。

しかし、このような「乱気流の時代」に一筋の光明が、この日本に射し込んでいるのにお気づきでしょうか。

大川隆法・幸福の科学グループ創始者兼総裁の説かれる仏法真理が、その光です。本書では、大川総裁の著書の中でも「経営」に関連する名著『智慧《ちえ》の経営』を皆さんと一緒に学んでまいりたいと思います。

また、読者の中には「宗教がなぜ経営を説くのか」という疑問もあるだろうと思います。

しかし、幸福の科学という教団が、わずか28年でこれだけ日本有数の巨大教団になったという事実は誰も否定することはできません。当たり前ですが、この大発展は自然に起こることではありません。数多くの目に見えない経営のノウハウが凝縮されたからこそ、現れた奇跡です。現在、国内に約600、海外に約100の支部・拠点、参拝・研修施設としての精舎が20数カ所、海外100カ国以上に信者を擁《よう》する団体となっています。さらに、近年では、幸福の科学学園という中高一貫校が、栃木県の那須と滋賀県の大津に設立されるまでになっています。

そして、この巨大グループが、なんと「無借金」で経営されているのです。

皆さんは、この真実が信じられるでしょうか。

私は、幸福の科学に奉職する前、経営コンサルタント会社に勤めておりました。幸福の科学に来てから後は、事務局、伝道局、財務局、経営研修担当など経営に関連する部局に在籍してまいりましたが、そのプロの目で見ても、この大発展は「奇跡」だと思います。

皆さんは、この今世紀最大の経営の「秘密」を知りたいとは思わないでしょうか?

私は、正直に申し上げて、どうすればこのようなすごい経営ができるのか「知りたくて、知りたくて」仕方がありませんでした。それが、今回、解説させていただく『智慧の経営』という書籍に結晶しているのです(他にも数十冊経営関連の書籍があります)。

本書は、私自身の『智慧の経営』への素直な驚きと、多くの経営者の人にもこの素晴らしい経営思想を知ってもらいたいという願いからつづられています。『智慧の経営』を読まずして、どのような経営書を読んでも、それは、〝平成の枯れすすき〟としか思えません。

おかしなことですが、今回の執筆を終え、自分で自分の原稿を読んだ時、たびたび心の底から感動が湧き上がってまいりました。それは、おそらく、『智慧の経営』に流れている、経営者に対する大川総裁の慈悲の思いが溢れ出しているからだと思います。

本書から、「会社を潰《つぶ》さずに発展させなさい」という声なき声を聞き取り、この乱気流の時代に、人々をアッと言わせる大発展を遂げる企業をつくり上げてください。

どうか、この大川総裁からのギフトを素直に受け取り、血肉に変え、「世のため、人のため」となるような、素晴らしい会社をつくり上げていただきたいと思います。

皆さんにおかれましても、本書の行間のそこかしこに、このような「大川総裁の慈悲の思い」を感じ取っていただければ、著者として無上の喜びです。

その意味で、本書は経営者のみならず、多くの人の力を結集し、付加価値を上げていくことを使命とされている人すべての心に響く内容となっているはずです。

「乱気流の時代」と「大不況」とは、同義語ではありません。

今までまったく無名だった会社の中から、かつての松下電器やトヨタ自動車のような企業が生まれる時代でもあるのです。

資本家の総入れ替えが、今まさに起ころうとしているのです。

乱気流の中から飛び立つ〝火の鳥〟となれ！

そのような思いで、本書をつづらせていただきたいと思います。

２０１４年10月27日
学校法人幸福の科学学園　大学設立準備室ソフト担当副局長　石見泰介

乱気流時代を勝ち抜く経営　目次

※文中、特に著者名を明記していない書籍については、原則、大川隆法著となります。

序章

乱気流時代がやってくる

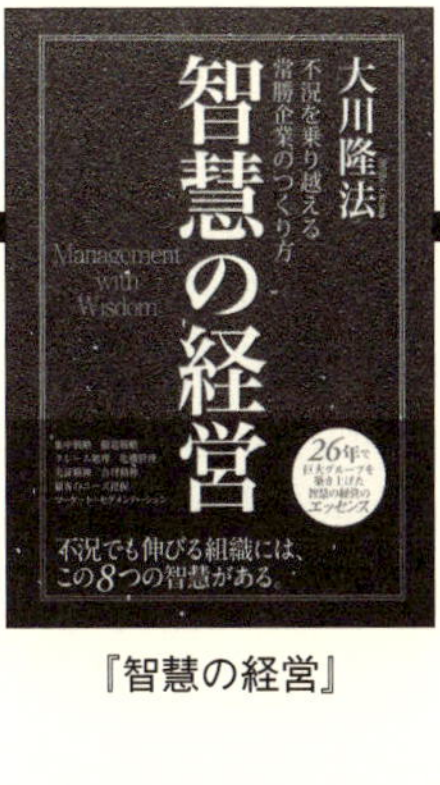

『智慧の経営』

「心の医者」を目指して

本書は、大川隆法・幸福の科学グループ創始者兼総裁の『智慧《ちえ》の経営』をもとに、不況を生き抜く考え方について整理したものです。経営者にとってヒントになる内容も多いと思いますし、主婦の方が読まれても参考になると思います。

まず、簡単に自己紹介をしておきたいと思います。

私は、2013年まで幸福の科学の総本山・未来館で経営系・発展系の研修を担当していました。その後、全国の精舎《しょうじゃ》（幸福の科学の研修施設）の経営研修をPRする担当となり、現在は経営成功学の研究を進めています。

私は今、経営を専門にしていますが、実は、小さい頃は医者になろうと思っていました。しかし、大学受験を迎えるに当たって「高い偏差値が必要」という現実を知ってあきらめ（笑）、父親に「工学部に入りたい」と相談しました。

その時、父親は、「お前な、工学部に入ってコンピュータとかやるんだろうけど、どうせ人に使われて終わるで。それよりも人を使う学問をやれ」と言ったのです。私はそのアドバイスに何か感じるところがありました。今日《こんにち》、人を使う学問と言えば、経営でしょう。そこで、私は経営工学を専攻し、経営の手法や考え方などを4年間学ぶことにしました。

就職活動では、私も御多分に漏れず、有名企業に入ろうと考えました。ある時、リクルートブックを見ていると、ある企業の欄に、「あなたもなれる、ビジネスドクター」と書いてあったのでビックリしました。

「なんだ、ドクター（医者）になれるじゃないか！」と。

私は迷わずその会社への入社を決意しました。それが経営コンサルティングの会社だったのです。

私の最初の仕事は、ドラッカーのセミナー受講者を集める営業でした。そのセミナーは1985年に行われたのですが、私はその集客のために、新宿から新橋までを横断して、鞄一つを持って、東京中を駆けずり回りました。

営業のことは何も分かりませんから、まずは先輩の言われたとおりにやってみました。

「石見、分かるか？　このビル一本がお前の担当だ」

そう言って先輩が指差したのは、巨大な三井ビルでした。私は、ビルの上から下までドアというドアをすべてノックして営業しました。コンコンとノックして入ってみたらトイレだった、ということもあります（笑）。

また、「石見、分かるか？　一番奥に座っているやつが一番偉いんだ。そこへ行って名刺交換してこい」と先輩に言われました。私は素直に言われたとおりにしました。部屋の一番奥の席まで行き、「こんにちは」と名刺交換して回ったのです。向こうの人は「えっ、誰？」という感じでしたが（笑）。

本当に営業はハードな仕事でした。しかし、そのセミナーの集客では、なんと新人の私がトップの成績でした。そのため、ドラッカーの「鞄持ち」をさせていただくことになったのです！　もちろん、本物のドラッカーです。本物のドラッカーと会って、握手して、重たいブタ革の鞄を持たせていただき、会場までご案内したのです。

ちなみに、このドラッカーのセミナーは、東京のホテル高輪《たかなわ》という所で行われました。そのホテル高輪があった場所は、偶然にも現在、幸福の科学の東京正心《しょうしん》館《かん》となっています！

さて、その会社では、25歳の時に営業所長をさせていただくなど、大変お世話になりました。その後、縁あって幸福の科学に奉職させていただきました。

幸福の科学では、「『心の医者』を数多くつくらねばならない」という話が説かれていました（注）。

そこでまた私は、「やはり、心の医者になるために生まれてきたんだ！」と納得することになりました。そして今、会社を相手にしたビジネスドクターとして、また、多くの人々の心の医者として、仕事をするようになっているわけです。

いずれにせよ、「心の医者として、専門的な知識や智慧を使って多くの人を救っていくこと」が私のミッションだと思っています。

大川総裁は『マインド・セットを変えよ』の中で、「使命の自覚」が大切だと述べています。本来、すべての経営者は、何らかの使命・ミッションを持っているはずです。「仕方なくやっている」という人もいるかもしれませんが、そういう人であっても、本来の使命に目覚めれば、生まれ変わったように強くなれるのです。

幸福の科学の経営書を読めば、経営者が本来の使命に目覚めるヒントが、あちこちに書いてあります。「何のために会社を経営しているのかよく分からない」「自分のミッションを知りたい」という人は、ぜひ、『智慧の経営』をはじめとする大川総裁の経営書を繙《ひもと》いてみていただきたいと思います。

「智慧の経営」を実践するには、情報が必要

さて、経営者であれば、誰でも「常勝企業をつくりたい」と思うでしょう。

常勝企業をつくるには、まず、「情報」が大事です。「情報」がなければ、嵐の海の中を海図もコンパスも持たずに航海するようなものです。正しい方向性を示すものもなく、「多分、こっちの方向だろう」と思って船長が自分の好き勝手に舵《かじ》を切っていたら船はどうなるでしょうか？　船は難破《なんぱ》してしまいます。経営も同じことが言えます。

逆に言うならば、経営者に必要な「情報」を知らないから、経営で失敗したり倒産したりするのです。決して人のせいや環境のせいではないのです。

会社を潰《つぶ》したら、自分が路頭に迷うだけではなくて、家族や従業員、取引先も大変なことになります。経営者の責任はとても重いのです。ですから、経営者は必死になって勉強をしなければなりません。

南極探検隊から学ぶべき教訓

事例として、南極探検隊の話をします。1911年に南極点に到達したアムンゼンとスコットの二人の探検家の物語です。

1911年12月14日、アムンゼンが、世界で初めて南極点に到達し、無事全員生還しました。同時期に出発したスコットは二番目に南極点に到着しましたが、残念ながら遭難してしまいました。この二人を対比すると面白いことが分かります。

両者とも探検家としての経歴はよく似ています。アムンゼンはアメリカの太平洋側から大西洋側に、初めて北極海のほうを伝って横断したり、南極で初めて越冬に成功したりという冒険歴を持っていました。もう一方のスコットも負けていません。初めて南極点にチャレンジし、南緯82度の地点にまで迫ったという経歴（当時の最高記録）の持ち主でした。経験的には両雄引けを取りません。ところが、一方は成功し、一方は死亡という極端な結果になりました。

その原因の一つが、「準備」にあったと言われています。アムンゼンは用意周到な人でした。体力づくりのためにノルウェーからスペインまで自転車で３０００キロメートル以上の冒険をしたり、遭難した時のためにイルカの生肉を食べる実験をしたりもしています。また、極寒地帯の生活習慣を知るために、エスキモーと一緒に生活しています。そこで、彼は犬ぞりの使い方を覚えましたが、その経験が南極大陸で大いに生きることになります。エスキモーなど寒い地域の人の動作は非常にゆっくりとしています。それは、激しく動くと汗が出て、汗が凍ってしまうからです。汗が凍るとかなり体力を奪われるので、極寒の地に住む人々は決して急がないのです。

彼はそうした知恵を実体験として学びました。一方、スコットは探検に必要な資金集めに忙殺され、そうした準備は一切できませんでした。

こうした準備の差が南極探検の時に現れました。南極で、アムンゼンは犬ぞりを使いましたが、スコットのほうは馬と雪上車を使いました。しかし、馬は使い物にならず、雪上車もエンジンのトラブルで使えなくなりました。結局、すべて人力で荷物を引っ張っていくことになったわけです。その結果、アムンゼン隊の食料や燃料などの装備は一人当たり600キログラムであるのに対して、スコット隊は一人当たり約60キログラムと、約10倍もの装備の差が出たのです。

また、探検では、デポと呼ばれる補給点をつくって、進んでいくのですが、アムンゼンは補給点に黒い旗を立て、その両脇数キロメートルにわたって等間隔に黒い三角旗を立てました。こうすると、万一ルートから外れたとしても、旗を辿《たど》って補給所に帰ってくることができます。一方、スコットのほうは旗を一本立てただけです。南極では、雪が降るとまったく目の前が見えなくなるので、この差が大きかったのです。アムンゼンは隊員の安全を第一に考えていたことがよく分かります。

それから、南極探検時には標高測定器という器具が重要です。標高測定器によって自分の位置を測定したり、危険を察知したりするのです。これをアムンゼンは4台持って行きましたが、スコットは1台しか持って行きませんでした。しかもこの1台が壊れてしまいました。

アムンゼンとスコットの考え方の違いが生死を分けた

アムンゼンとスコットは探検に対する考え方についても違いがありました。

アムンゼン隊のほうは、「20マイル走行」というマネジメントの基準がありました。『ビジョナリー・カンパニー』の著者として有名なジム・コリンズが言っている言葉で、毎日きっちり20マイル（約32キロメートル）進むという考え方です。20マイルという距離は一つのたとえですが、その距離に至らなくてもいけないが、進み過ぎてもいけないという原則です。

アムンゼン隊の場合、天候がよくても悪くても一日当たり15〜20マイルのペースを厳守させました。当たり前のように思えますが、これは勇気の要ることでした。

なぜなら、アムンゼンとスコットは南極点の到達を互いに競っていて、アムンゼンは、先発したスコット隊のほうが自分の隊より先に進んでいると思っていたのです（当時は無線機がなく、互いの位置の情報を知ることができませんでした）。そのうち、アムンゼン隊は南極点の45マイル（約70キロメートル）手前に到達しました。その距離は、一晩かけて一気に行けば24時間以内に南極点に到達することができました。

天気は快晴、そりを引く犬たちは元気で、隊員たちも一番乗りを目指して士気は最高潮です。隊員たちは、スコット隊に負けたくなかったので、一気に行こうと色めき立っていたのです。ところがここで、アムンゼンは、無理をせず、「17マイル進め」という判断を下しました。結局、南極点に到達したのは、3日後の12月14日でした。一方、スコット隊は装備の不備のために進行が大幅に遅れており、結果的にアムンゼン隊が先に着いたのです。

皆さんでしたら、このような判断ができたでしょうか？　「もしここで一気に進んで成功すれば世界的に有名になるぞ」というところで、我慢ができたでしょうか?

アムンゼンは、絶対に一線を越えないように用心に用心を重ねていました。アムンゼンは復路のことも考え、決して無理をしなかったのです。急いで汗をかくことの危険性をよく知っていたので、決して隊員を疲弊《ひへい》させないよう細心の注意を払いました。

一方、スコットのほうは、晴れた日は隊員がヘトヘトになるまで歩かせました。しかし、ブリザードで天候が悪くなると、最高6日間もテントの中にこもっていました。その時、スコットは神を呪い、悪天候の愚痴《ぐち》を言っていたという記録が残っています。ちなみに、天候に関しても、両隊ともほぼ同じ56%の好天比率で、スコット隊だけ悪天候に見舞われたわけではありません。

結局、1911年12月14日にアムンゼンは南極点に到達して、予定どおり帰還しました。一方のスコットは約1カ月後の1912年1月17日に南極点に到達しましたが、アムンゼンが先に到着していたことを知ってガックリします。失意のうちの帰還となりましたが、結果はさらに最悪なものとなり、途中で道に迷い、南極点に着いた隊員5人が全員遭難してしまいました。

以上の話から、「情報の大切さ」や「いろいろな不可抗力に対して準備を怠るな」ということ、「苦しい時も頑張って一定の速度を保てるように」あるいは「よいからといってそこに足場を置き過ぎないようにして、中道《ちゅうどう》を保つこと」ということを教訓として学べると思います。

成功への道筋を普段からつくっておくことの大切さ

さて、ここで、自分の胸に手を当てて考えていただきたいのです。スコットと同じようなことをしていないか、ということです。

つまり、これから来る乱気流の時代に対して、準備を怠っているのに、それを環境のせいや人のせいにしていないでしょうか。
外部環境は必ず変化します。それはプラスにもなれば、マイナスにもなります
し、アムンゼン隊にもスコット隊にも起きます。不幸、不況、天変地異――そう
した不可抗力は起きるものです。その時、わが社は何をすべきなのか。あらかじ
め情報を集めて、考え抜かないといけません。しかし、この準備ができる経営者が、
本当に少ないのです。
「あらゆる情報を駆使して、成功への道筋をつくっておく」ことが大事なのです。
経営で言えば、事業計画です。「こうやったら成功する」「こうすれば生き残れる」
という道筋を、徹底的に描いておくのです。
その時に、前例主義にとらわれないことが大事です。
例えば、アムンゼンは今まで使われていた南極のベースキャンプの位置を変え
ました。従来よりも、南極点に100キロも近い場所を発見したのです。
アムンゼンは過去70年間の南極に関する文献を全部調査して、「何年前の地図を

見てもここの地形は変わってない」という地点を見出し、前例に縛られず、勇気を持って新しいベースキャンプを置いたのです（流氷の上にベースキャンプを置いてしまうと、帰還するまでに流されて位置が変わってしまう危険がある）。

また、棚ボタのような成功は長続きしません。大川総裁が『財務的思考とは何か』の中でこう述べています。

ゴルフブーム、それからボウリング場ブーム、それから、喫茶店のインベーダー・ゲームみたいなものが、いっぱいあって（中略）全国にあったかと思ったら、あっという間に、どこにもなくなりました。（中略）

こういうときには、「見切り」をかけなければいけません。

『財務的思考とは何か』（58〜59ページ）

流行にパッと飛びつくのではなく、自分の使命は何かを考えて、しっかり情報を集め、事業計画を練り、アムンゼンのように、着実に前に進んでいくのです。苦しい時でも目標を見失わず、「今月はここまで頑張るぞ」と踏ん張らなくてはなりません。

3社に2社が潰れる時代が来る

特に、これからの時代は厳しくなることが予想されます。

2013年7月に大川総裁の『ダイエー創業者 中内㓛《いさお》・衝撃の警告 日本と世界の景気はこう読め』という本が発刊されました。ダイエー創業者の中内㓛の霊言です。比較的時代が近く、一代で日本最大の小売店を築いた実績が評価され、あの世に還《かえ》ってからは、「どの企業を助けるか」という〝企業の採点役〟をしているそうです。

その稀代の経営者である中内氏が、今後の日本経済の見通しについて、「三社に一社しか残れない時代になる」（51ページ）と警告しているのです。

３分の２の会社が潰れるということです。そう聞いて、「へえ、そうなんだ」と他人事《ひとごと》のように思っているようではいけません。「そういう時代が来るんですか⁉ そうであれば……」と、すぐに対策に思いを巡らさないと、５年後は危なくなります。いや、５年も持たないかもしれません。それほど大変な時代が来るということです。

１９９０年代にバブルが弾けた時でも、３社に２社が潰れるようなことはありませんでした。あるいは１９９７年に消費税が３％から５％に上がった時に、山一証券や北海道拓殖銀行など、錚々《そうそう》たる企業が経営破綻《はたん》しましたが、その時でも２社に１社も潰れていません。

ですから、世間の情報に躍らされて、「安倍政権の誕生で保守回帰してから、景気もよくなっていくだろう」「アベノミクスは必ず成功する」と単純に思っている人は危ないと言えます。

年商7～8億円ぐらいのある水産会社では、数年前からかなりのリストラに取り組んでいました。工場を閉鎖して、新規に始めていた教育事業などを閉め、ようやく利益を出せるようになりました。ところが中内功の霊言を聞いて、「これは、もう一段やらなきゃいけない」と奮起して、冗費節減の徹底や、投資の厳選、一点突破するための新商品開発など、徹底した経営強化に取り組みました。

このように、何かが起きてから対処するのではなく、何かが起きた時のために準備を進めていくことが大事です。

乱気流時代に備えるには

また、これからの時代は乱気流の時代だとも言われています。

「乱気流というのは、大不況のこと?」と思う人もいるかもしれませんが、必ずしもそうではありません。私の理解では、「乱気流の時代」というのは、両極端の時代だと思っています。つまり、絶対に潰れないと思われていた大企業が、突然のダウンバースト（下降気流）でダーンと地面にたたき落とされる時代です。一方、まったく無名だった企業が上昇気流に乗って一気にスターダムにのし上がる時代です。

例えば、今まで調子がよかったマスコミ業界も、この乱気流の中にいます。これまで、広告が集まり、テレビの視聴率もどんどん上がっていましたが、今は苦戦しています。最近、誤報記事で謝罪した朝日新聞も赤字続きという噂です。

乱気流の時代は、下降気流と上昇気流が交錯する時代なのです。つまり、落とし穴もあれば、超高速エレベーターもある時代、これが乱気流の時代の正体です。であるならば、「今はチャンスだ」と考えるべきではないでしょうか？　チャンスの女神の前髪を捕まえて、上昇気流に乗っていく。そうすれば、大財閥と言われるような会社をつくっていくことさえも可能です。

別な言葉で言えば、乱気流の時代というのは、「資本家が総入れ替えになる時代」です。非常に面白い時代なのです。こういう考え方を知ることが、一つの大事な「情報」となります。不況で多くの人が右往左往《うおうさおう》する中で、違う考え方がありえることを、情報として押さえているかどうか。それが企業の命運を分けるのです。

次の時代に備えるために、より精度の高い情報を

結局、いち早く情報を得て、次に来る時代へ準備を怠らないことです。情報によって、今後打つ手が変わってしまいます。「これからどういう時代が来るか」ということに常にアンテナを張っていることが大事です。

多くの人はお金持ちになりたいと願っていると思います。もし、自宅の土蔵を開けたら宝物の地図が入っていて、埋蔵されている場所にバツがついた本物のような地図が出てきたら、あなたはその場所を掘りに行きませんか？　その場所が

自宅の裏庭だったらどうですか⁉

「そんなこと、あるはずがない」と思っているでしょうが、実は、埋蔵金はあるのです。

大川総裁の書籍の中に埋蔵金のありかが印《しる》されています。

もし、あなたが成功したいなら、「これからどういう世の中になっていくのか」「何をなさねばならないか」、そのヒントを確かな情報源からもらえばいいのです。テレビ、新聞から情報を得ることも大切ですが、大川総裁の書籍（例えば、『智慧の経営』や『経営者の次なる一手』）には、今後のデフレ時代を乗り切るための「智慧」が体系的に凝縮されて説かれています。

また、次々と出版されている霊言も、特に経営系のものに関しては一つも見逃さないようにしていただきたいのです。

法話や霊言は、原則、公開され、書籍化されますが、できれば、幸福の科学の支部や精舎で直接聴いてください。なぜなら、自分に一番必要なものを「これだ！」とつかむには、支部や精舎の磁場の中で直接聴くことが一番だからです。

実際に、幸福の科学の智慧を経営に生かした経営者は大発展しています。東証の一部上場企業をつくった人もいます。その人は１９９０年代初めに静岡県の浜名湖畔で行われた第１回の経営者研修に参加しておられます。大川総裁の教えをきっちり実践して、今売上１０００億円以上の会社になりました。あるいは野菜工場を全国に先駆けてつくって有名になった人もいますが、大川総裁の教えに忠実に従ったら、そうなったとおっしゃいます。

「大川総裁の教えを素直に信じて実践していく」「道から外れたと思ったら、反省してまた修正する」。この繰り返しの中に、天上界からの目に見えない応援も必ずいただけるはずです。

また、幸福の科学では、経営者向けの「祈願」も多数用意しています。しかし、「お金をください」とか、「うちの会社を守ってください」とお願いするだけではなく、「自分の会社が多くの人々に幸福を提供できますように」「一層人様のお役に立てますように」と祈るようにアドバイスしています（祈願については後ほど詳しく触れさせていただきます）。

従って、経営者は、「どうすれば人々を幸福にできるか」「そのために、どういう手が打てるのか」を常に考え抜くことです。それが経営者としての信仰心でしょう。

長くなりましたが、以上が前置きです。次章から、『智慧の経営』を中心に、大川総裁の経営論のエッセンスを学んでいきます。

（注）『幸福への道標』『不動心』参照。

第1章

危機の時代を乗り切るために必要な智慧とは

『智慧《ちえ》の経営』は不況期を戦い抜くための座右の書

序章では、会社を発展させるなら、「情報」が生命線だということを述べました。経営者は、「知りませんでした」という言い訳ができません。例えば、消費税率が上がって利益が吹っ飛んだら、「知りませんでした」ではすみません。やはり情報を積極的に取って、「この先に落とし穴がある」と分かった段階で、避ける努力をしなくてはいけません。

ただし、「情報」は、持っているだけではあまり価値がありません。その情報を経営に使える「知識」に変え、さらにその「知識」を、経験を通して「智慧《ちえ》」に変えていくことで価値が生まれてきます。智慧があれば、人を教えたり、指導したりすることができます。経営者が大を成せるかどうかはここにかかっているのです。経営者が身につけた「情報・知識・智慧」が、その会社の発展とその速度を規定します。従って、本章からは『智慧の経営』を読み込んでいきたいと思います。

では、『智慧の経営』を実践するためのポイントを、まえがきから見ていきましょう。

まず、「会社の置かれた状態や危機の段階において、必要とされる智慧の言葉も異なってくることだろう」とあります。本章の内容も、すべて当てはまるとは限りません。少し幅を持って聞いていただき、自分の会社に応用してください。

それから、「転ばぬ先の杖としてはとても貴重なものである」と書いてあります。読者の皆さんが、これから得る情報は、「転ばぬ先の杖」として仕事や経営を支えることになるでしょう。

また、「成功している多くの企業家は、私の経営説法の一転語《いってんご》に悟りを開いた方が大多数だ」とありますが、大川総裁の「一転語」で会社を大発展させている人が実際にたくさんいます。「一転語」とは、禅の高僧などが迷っている人の心を心《しん》機一転させる悟りの一語です。大川総裁は、わずか20〜30年で幸福の科学という団体を名実ともに日本ナンバーワンの宗教に育て上げ、本来、門外不出であるはずの教団経営のエッセンスをさまざまな法話で明かしてくださっています。ですから、それを学ばない手はありません。

「宗教のマネジメントと会社経営は別物だ」と思っているようでしたら、それは違います。あの松下幸之助も、天理教にヒントを得て大発展しました。彼は、天理教で、無報酬のボランティアが一生懸命に大工仕事をしたり、掃除をしたりするのを見て驚きました。そこで、「やはり理想や使命感が大事なのではないか」と考え、思いついたのが、「松下五精神」（後に七精神）という〝基本教義〟や有名な「水道哲学」（注1）なのです。宗教のマネジメントの根幹に当たる、夢や理想、希望といったものは、人の心を揺さぶり、大きな求心力をもたらします。それを中軸に据《す》えれば、会社を爆発的に発展させることもできるのです。

まえがきの最後には「今また、日本も世界も、厳しい茨《いばら》の道に立ち向かわねばならない時が来ている。本書を座右の書として戦い抜いてほしい」とズバリ書いてあります。序章でも触れましたが、中内切《いさお》の霊言では、「三社に一社しか生き残れない時代になる」と厳しい時代が到来することを述べています。そのような逆風下で耐え忍び、さらに会社を伸ばしていくためには、経営者自身が変化していかなければいけません。去年と同じことをやっていたならば、今年はもっと大変になります。そのために、「智慧の経営」が必要なのです。日本も世界も厳しい茨の道に立ち向かう中で、いかに逆風をついて稼ぎ、生き残っていくか――本書では、この具体的な方法論を学んでいきたいと思います。

不況を迎え撃つ、経営戦略の立て方

それでは、『智慧の経営』第1章「不況を乗り越えるための基本的な考え方」を解説していきます。

いずれにせよ、消費税増税を迎え撃たなくてはならないわけですが、会社としては、「税率が五パーセントから十パーセントになっても耐えられるか」というのは厳しいところでしょう。経営としては厳しい判断になります。

今後、経営者には、「コストダウンをして生き延びるか、それとも、もう一段、高付加価値の商品を出せるか」という苦しみが発生してきます。

『智慧の経営』（15ページ）

消費税は現在8％ですが、10％に上げるかどうかの議論も行われています。そうなると、もう一段コストダウンするか、付加価値の高い新たな商品を生み出すか、あるいは両方に取り組むかという苦しみが、今後訪れてくるということです。

ここでは、厳しい環境を乗り切るために「経営戦略」について言及しておきます。

経営戦略で一番有名なのは、ハーバード大学名誉教授のマイケル・ポーターです。

ポーターは主著『競争の戦略』で、「会社には常に五つの脅威（ファイブ・フォース）がある」と言いました。五つの脅威とは何でしょうか。

一つ目の脅威は「新規参入の脅威」です。皆さんのマーケットを、新規業者が虎視眈々《こしたんたん》と狙っているということです。

二つ目は「業者間の敵対関係」。同業者がいろんな手を打って、対抗してくる可能性があるということです。

三つ目は「代替品《だいたい》、代替サービスの脅威」。代替品や代替サービスが出てきて、新たな競争相手になるということです。

四つ目は「買い手の交渉力」です。これはお客さんからの圧力です。例えば、お客さんが、「まけてくれ」と言ってきたり、「取引をやめたい」と言ってくるような場面は絶えずあるでしょう。

最後に五つ目が「売り手の交渉力」です。例えば、仕入業者が、「昨日まで1万円で卸《おろ》していた物を、今日から2万円にしてください」と言ってくる可能性もあるわけです。

会社は常にこの五つの脅威にさらされており、これに手を打たないと皆さんの会社はやられるということなのです。では、どう手を打てばいいのかというと、ポーターは、「三つの戦略がある」と言いました。それを「基本戦略」と言います。

一つ目の戦略は、「コスト・リーダーシップ」です。これは、他社よりも低いコストを実現することによって、競争優位を確立する戦略です。その方法として、ポーターは、仕入から製造、製造から販売までの全工程でコストダウンする、「オーバー・オール・コスト・リーダーシップ」を唱えました。普通はコストダウンと言っても、工場内や社内のコストダウンだけを考えますが、仕入先や販売先のコストダウン・効率化も一気通貫《いっきつうかん》で考えるということです。

例えば、仕入先に「景気が悪いので、3割引にしてください」と言って、交渉する余地はあります。あるいは、複数の仕入先に競わせたり、外国に安くて高品質の物がないかを調べたりすることもできます。販売に関しても、インターネットを活用したり、実際、チラシに効果があるのかを調べたり、コストダウンする部分はあります。特に、担当者任せにしている場合、経営者が知らないうちにコストアップしていることがよくあります。相見積《あいみつ》もりを取らなかったり、10年前の価格でずっと取引し続けていたりなど、「まさか、こんなことをやっていたのか」とビックリするようなこともあるようです。

二つ目が、「差別化」(ディファレンシエーション)です。皆さんの会社の商品が売れないのは、皆さんの出している商品・サービスに特徴や違いがないからです。ですから、他社と違いを出し、差別化を図らなくてはなりません。今は本当にエッヂの効いた商品・サービスしか売れない時代になりつつあります。もし、商品だけで差別化ができないなら、サービスを加えて、セットで差別化する手もあります。

それから三つ目が「集中化」(フォーカシング)です。会社を長く続けていると、必ず多品種になります。お客様のニーズに合わせて、どうしても商品・アイテムが広がり、サービスの種類が広がっていきますので、チェックしてください。多品種少量生産になると利益率が下がるので、どこかの段階で剪定《せんてい》が必要です。例えば、菊の花でも大きな花をつくるためには、他の花の芽を切って栄養を回します。そうすると、菊展に飾るような大輪の花になるそうです。皆さんの会社でも、剪定して、ヒット商品をつくらないといけない場合もあります。

では、商品をどう剪定するかというと、簡単な方法としては、「ＡＢＣ分析」がお勧めです（『経営入門』などに詳しい説明があります）。

これは、商品を売上順（利益順）に並べて棒グラフで表す方法です。食料品店なら、売上の高い品目順に、ズラッと並べて棒グラフにしてみます。すると、よく売れるＡグループ、たまに売れるＢグループ、ほとんど売れないＣグループなどに分類できるはずです（必要なら利益ベースでも同じ表をつくってみてください）。例えば、この時、総売上の５％以下のものはカットしていいと思いますが、「将来を考えるならば、これは伸ばすべき」というものはカットしないでください。

稀に、絞り込みをかけすぎて失敗するケースもあります。例えば、液晶大手のシャープが危機に陥っているのは、液晶一本に過剰投入したことが一因と言われています。

以上、「コスト・リーダーシップ」「差別化」「集中化」の三つの基本戦略（ジェネリック）があると述べました。ジェネリックとは「薬の瓶」のことですが、「『コスト・リーダーシップ』の瓶と、『差別化』の瓶と、『集中化』の瓶からそれぞれ薬を調合して、素晴らしい薬を処方することが戦略策定である」とポーターは言っているのです。

経営者の仕事は智慧を絞り、経営効率を上げること

それでは、『智慧の経営』に話を戻します。

人間に、乗り越えられないものはありません。智慧を絞って、乗り越えるべきものは乗り越えなくてはなりません。

『智慧の経営』（16ページ）

経営者にとって大切なことは、この「智慧を絞る」ということです。この智慧とは、非常に大事なものであり、ある意味で経営者の力量そのものでもあります。やはり、経営者にも腕前には差があります。「ぜひ、経営者として腕を上げたい」という方は、以下の式で表される経営効率を上げていくといいでしょう（図1）。

経営効率＝アウトプット（売上・生産量・利益・付加価値・満足感など）÷インプット（人、物、金、情報、空間、時間、ノウハウなど）

分子は、売上や生産量、利益、付加価値、満足感など、経営によって生み出される生産物です。分母は経営諸資源。つまり、人、物、金、情報、空間、時間、ノウハウなど、経営するために投入するさまざまな資源になります。この「分子÷分母」の値が大きいほど、経営者としての腕がいいということになります。

一方、大川総裁が、『経営入門』で「商品が売れて売上があり、その売上から経費（費用）を差し引いたところに収益（利益）が出てこそ、商売は成り立ちます」（179〜180ページ）と述べているように、「商売」の式とは「売上－経費＝利益」（図2）です。当然、商売が成り立つ

図1

$$\text{経営効率} = \frac{\text{アウトプット（売上・生産量・利益・付加価値・満足度など）}}{\text{インプット（人・物・金・情報・時間・空間・ノウハウなど）}}$$

図2

商売とは、**売上 － 経費　＝ 利益**

ことは大切なのですが、経営者は利益だけを見るのではなく、利益を生み出すためにどれだけの経営資源が使われたかを見なければいけないのです。商売人か経営者かを分ける点はここにあります。

　経営者として優秀であるためには、人、物、金、情報、空間、時間などを無駄なく使いながら、利益や売上を上げていかなければなりません。例えば、現業の売上は横ばいの場合、人、物、金、情報、空間、時間をなるべく削減していきます。そして、削減した分の経営資源をシフトし、新たな事業に投入して、そこでも付加価値を上げていくわけです（図3）。

図3

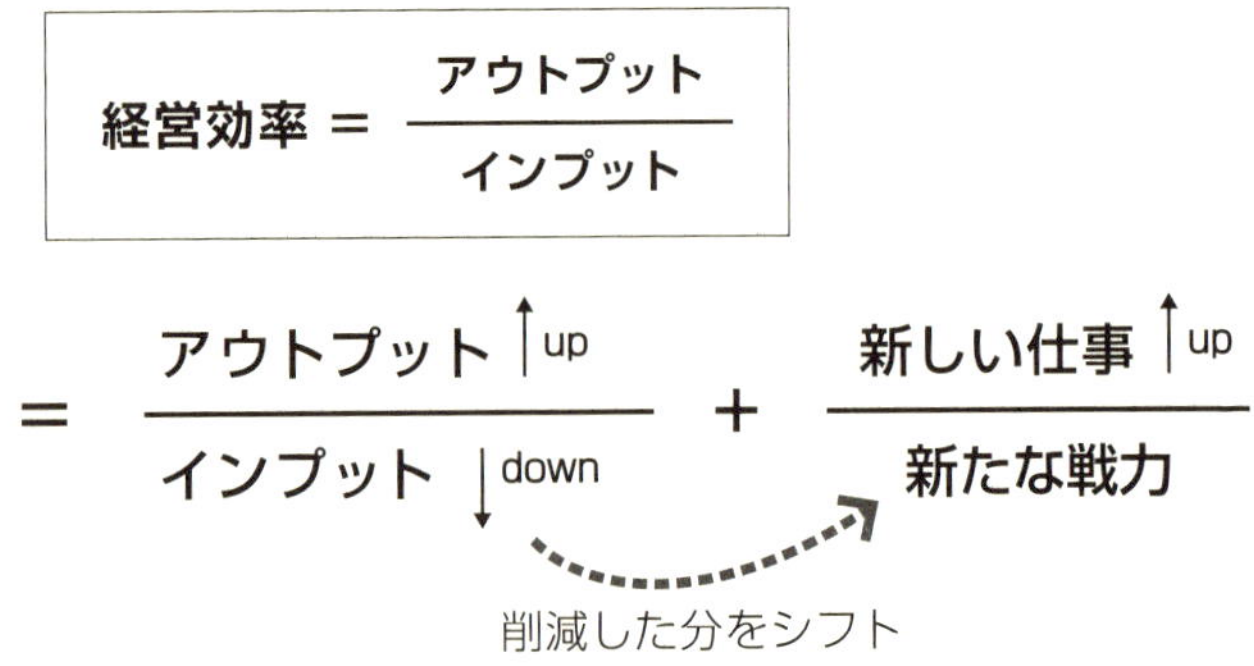

「経営資源の値を下げながら、売上を上げる」のは、そんなに簡単ではありません。通常、投入する経営資源を小さくしたら、売上も下がってしまいます。仕入れる商品を減らせば売上は減ります。営業マンの数を減らせば、やはり売上は減るでしょう。しかし、経営資源を増やさずに業績を上げなければ、経営効率はよくなりません。この一見、無理なことを成功させるには、経営者が「智慧を絞る」か「汗をかく」しかありません。では、具体的にどう智慧を絞るのかというと、先述したポーターの競争戦略である、オーバー・オール・コスト・リーダーシップ、集中化、差別化などの戦略を使って、現業を見直し、人を育て、新しい事業を常に考えていくということです。

実は、ここで述べた「コストを下げつつ、売上（付加価値）を上げる」という考え方こそ、近年注目を集めている「ブルー・オーシャン戦略」（注2）そのものなのです（図4）。

例えば、シルク・ドゥ・ソレイユは、この「ブルー・オーシャン戦略」で成功した事例として有名です。シルク・ドゥ・ソレイユは、もともとカナダのサーカス一座でしたが、経営者であり大株主であるラリベルテ氏が経営を一変させました。

従来、サーカスで使っていた「動物」を使わないことにしたのです。動物たちは、移動や飼育に多額の資金がかかります。これをやめて、大人向けの芸術的でアクロバティックなショーをさまざまなストーリーに乗せて展開したのです。洗練されたエンターテイメントとして音楽や光で演出されたショーを、テレビなどで皆さんもご覧になられたかもしれませ

図4

ブルー・オーシャン戦略とは、従来、「ローコスト戦略」か「高付加価値戦略」のどちらかに偏りがちな戦略を「智慧によって新しいマーケット（ブルー・オーシャン）をつくり出す」という考え方。

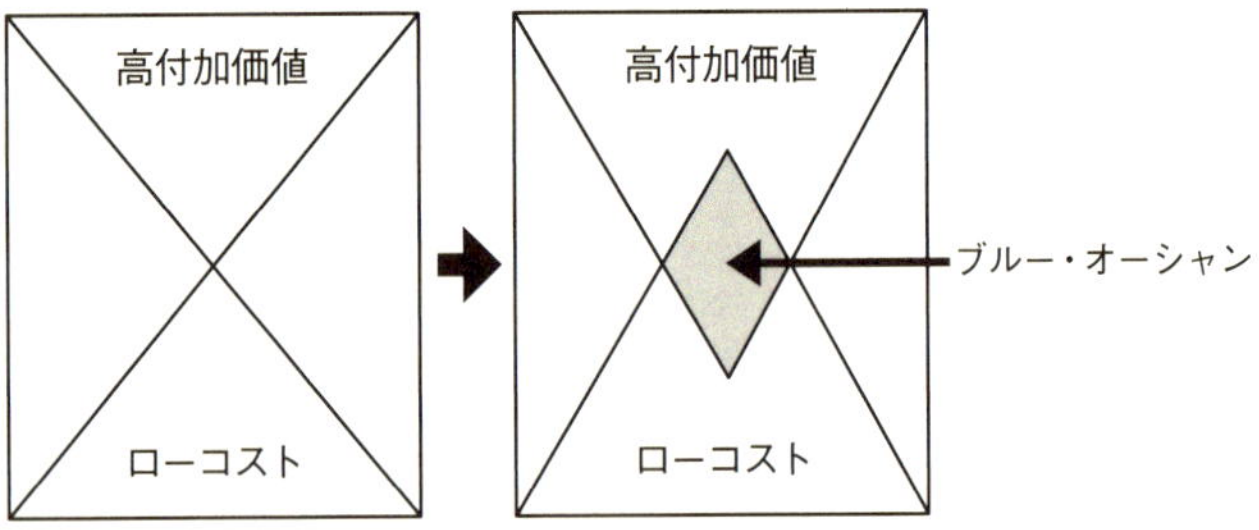

ん。

また、シルクのショーでは〝スターパフォーマー〟も存在しません。団員が独特の衣装とメイクで登場し、誰が演じているのか判別できないように工夫しているのです。

このように、巧みに経費を抑え、まったく新しい付加価値を提供することで、人気が高まり、チケットの価格も引き上げることに成功しています。

このシルクの差別化戦略は、従来の家族連れのサーカスとは違った、大人向けの新しいマーケットを創造したと言われており、「ブルー・オーシャン戦略」のモデルと言われています。

もちろん、考えがどうしても思い浮かばない時もあります。そうした時は、会社の中でディスカッションするなり、あるいはコンサルタントに相談するなり、自分一人で悩まないことです。また、幸福の科学の精舎《しょうじゃ》研修（注3）もお勧めします。精舎研修には、スティーブ・ジョブズやカーネギー、ロックフェラーの経営思想に学ぶ経営者向け研修もあります。日常から離れて、深く考えることによって、普段なら得られないようなインスピレーションも降りるようになります。実は、大経営者や有名な武将が禅や瞑想を好むのは、この「智慧」を得るためだったのです（これは第7章で詳しく述べます）。

この、徹底的に「智慧を絞る」ということをやっている人は意外と少ないと思いますので、「なぜ自社は発展しないのか」と思った時は、「どれだけ智慧を出せているか」を考えるとよいでしょう。

経営者にとって大切な心構え・考え方とは

『智慧の経営』では、経営者の心構えについても説かれています。

一般的に言うと、頑張りすぎて、周りから、「そこまでやらなくてもよい」

と言われるあたりで、実は普通なのです。

『智慧の経営』（21ページ）

経営者たる者、「もうやめておきなさい」と言われるくらい働いて、ようやく普通なのだということなのです。

また、部下の動かし方も大事です。

（部下に仕事を頼む時に）無理を承知で、もう一押しをしなければならない局面が出てくるのです。こうした粘り強さや胆力、不動心が非常に大事になってくると思います。

『智慧の経営』（22〜23ページ）

経営者は人一倍働かないといけないのですが、一人だけで頑張っても駄目《だめ》です。

今は、「ブラック企業」と呼ばれることを恐れている経営者も多いとは思いますが、生き残るためには、従業員に「もうひと頑張りしてくれよ」と、無理を承知で頼まなくてはいけないこともあります。その場合、従業員の方々との絆《きずな》、コミュニケーションが大切になってきます。突然、「頑張ってくれ」と言っても、「なんで頑張らないといけないんだ」と言われてしまいます。「給料をたくさん払うから、働いてくれ」という方法もありますが、実際にはあまり効果はありません。「給料分だけ働く」という組織風土をつくるだけです。

そうではなく、経営者として「私たちの仕事が何のためにあるのか」という夢や理想を、普段から懇々《こんこん》と語っておかないといけません。

また、第1章には、こうあります。

今後は、「外部環境の変化を、いち早く知る」ということも、トップにとって大きな仕事になっていくのです。

『智慧の経営』（23ページ）

ここは大事なので、本書でも何度でも繰り返しますが、「智慧の経営」の前提になるのは「情報」です。情報を取らずにいて、知らなかったでは済まされません。情報収集は企業経営の生命線です。具体的には、新聞は当然読んでください。できれば、1紙だけでなく、複数の新聞に目を通してください。

また、読書についても大川総裁は、こう指摘しています。

（起業して経営者になりたいのなら）経営者の書いた経営書や自伝、経営学の本などを、頑張って読むことです。一日に一冊ぐらいは読まなければ駄目です。

「ザ・リバティ」人生の羅針盤158

1日1冊読めていない経営者はたくさんいると思います。しかし、そのくらいは読まないと情報に遅れると考えていいと思います。自己投資として、これぐらいの努力は必要です。

なお、本を読むということは、持っている値打ちの割には非常に安い投資です。例えば、本書の参考テキストである『智慧の経営』やその他の大川総裁の経営書は、盛られている内容を素直に実践すれば、何億円払っても、もとが取れるような内容です。

また、経営情報として重要なものは、「未来」に関する情報です。「次はこういう時代になり、こういうものが流行《はや》る」ということが確実に分かったら、会社が大発展することは当然、可能です。

知っている人は、もう十分に理解しておられると思いますが、実は大川総裁が法話で説かれたことは、しばらくすると、実際にそのとおりになっていくのです。民主党政権の誕生で景気が低迷することや、アベノミクスの景気が長続きしないこと、アメリカの低迷や中国の問題など、ことごとく、その予測が的中しています。世の中のトレンドを読み解くには、絶対に欠かしてはならない、智慧の詰まった貴重な情報源です。

序章でも申し上げたように、「3分の2の会社が潰《つぶ》れる時代が来ます」というような情報は、知っているのと知らないのでは、相当な差が出ます。従って、続々と発刊される大川総裁の新刊は、必ずチェックしておくべきでしょう。

「わが社が必要だ」という不動の信念を持て

それから不況時に戦略を考えていく上で大切なポイントとして、次のようなことが書いてあります。

この世の中では、世間様から見て、お役に立つ仕事をしていれば、それなりの経済的な報酬が与えられるようになっています。必ず、そうです。しかも、業種を問わず、そうなのです。

『智慧の経営』(26ページ)

「人々の役に立ち、人々から感謝されていて、経済的な報酬がない」ということはありえないのです。(中略)

本当に不思議なことですが、この事実に対しては謙虚でなければならないと思います。

『智慧の経営』(27~28ページ)

かなり凄《すご》みのある言葉ではないでしょうか。私は初めて読んだ時、鳥肌が立ちました。もし、自分の会社の業績が横ばい、あるいは後退してきているなら、この言葉をよくよく味わうべきです。業績不振は、不況のせいでも、競合企業のせいでもなく、「世間様から、お役に立っていない」と見なされているということです。もし、「より世間様のお役に立ちたい」と思うなら、わが社の使命を改めて問い直すことが大事です。

「『絶対、うちの会社がなければ困るのだ』というものを考え出せ。その哲学をつくり出せ」と言わなければいけません。（中略）

そういう使命感のもとにあるのは、「なぜ、わが社は必要なのか」という根源的な問いを持ち続ける、経営者なり管理職なりがいることでしょう。そういう問いを持ってください。

『智慧の経営』（32ページ）

そして、「その問いに答えたならば、来年も、再来年も、十年後も、その会社は発展し続けるはずです」（34ページ）とあります。

今、経営が厳しい場合は、「この問いに答えることができますか？」と自問自答することです。とても辛いことですが、胸に手を当てて考えてみるのです。「世の中からなくなっても構わない会社になっていませんか」と問われた時に、「いや、そんなことはない。わが社は絶対に必要だ」と言えるものを考え出さなければなりません。ここは、経営者として一番大事なところでしょう。

使命感を見失ってしまえば、従業員も力が出ませんし、社長も仕事に腰が入りません。ですから、社長は必死になって古い自分を脱ぎ捨てて、新しい自分に生まれ変わってほしいと思います。

経営者とは本当に大変な立場ですが、その苦しみの中で魂は磨かれるものです。その苦しみは、多くの人を幸福にするための「富を生み出す」悟りをつかもうとしているから生じているものです。

ですから、あきらめてはいけません。もし、「悲観的な想念に負けそうになったときには、それに負けないだけの肯定的な想念を自家発電しなければいけません。

それは、気力を出すことであり、努力をすることです。そして、今日できることをやり、明日の希望を考えることです」（35ページ）という言葉を胸に刻み込んでください。

たとえ、現実がどうであれ、積極的な思いは持つことができます。「明日、手形が落ちない。もう潰れる」という時でさえ、心の力を使って活路を見出すのです。この「心の力」の使い方こそ、「智慧の経営」の真骨頂《しんこっちょう》です。

また、祈りについても言及があります。

人様のお役に立つことを心掛けながら、その結果については、大いなるものに委《ゆだ》ねて、祈ってください。そうすれば、必ず道は開けてきます。

『智慧の経営』（28〜29ページ）

普通の人は、「成功させてください。お金持ちにしてください」と神様に祈ってから、「では、どうやって人様のお役に立とうかな」と考えたりします。これはプロセスが逆です。何も努力しないで、いきなり祈るのではなく、経営に関しては、まず、「人様のお役に立つ」ことを心がけながら一生懸命頑張って働き、それから祈るのです。もし会社が苦境にあって、道が閉ざされ、「それでも私は使命を果たしたいのだ」という時は、ぜひ祈っていただきたいと思います。必ず救いの道は開けてきます。

（注1）松下七精神とは、松下電器（現・パナソニック）創業者・松下幸之助が「松下電器が遵奉《じゅんぽう》すべき精神」として掲げた、「産業報国」「公明正大」「和親一致」「力闘《りきとう》向上」「礼節謙譲」「順応同化」「感謝報恩」の七つの精神のこと。水道哲学とは、松下電器産業（現パナソニック）の創業者・松下幸之助が提唱した経営哲学。商品を大量に生産・供給することで価格を下げ、人々が水道の水のように容易に商品を手に入れられる社会を目指すという考え

のこと。

（注2）ブルー・オーシャンとは、W・チャン・キムとレネ・モボルニュによって提唱された考え。企業が生き残るために、既存の商品やサービスを改良することで、高コストの激しい「血みどろ」の争いを繰り広げる既存の市場を「レッド・オーシャン」、競争者のいない新たな市場でまだ生まれていない、無限に広がる可能性を秘めた未知の市場空間を「ブルー・オーシャン」という。

（注3）幸福の科学では、人生のヒントを得るための多種多様な研修を用意している。代表的な研修として「公案《こうあん》研修」と呼ばれるものがある。公案とは、大川総裁よりいただいた短い悟りの言葉で、反省や瞑想、禅定を行い、心を深く見つめていくことで、悩みを克服したり、人生成功の智慧を得たりする。

第2章

反省がない企業に発展はない

不況のせいで潰《つぶ》れる会社は一つもない

第2章では、「智慧《ちえ》の経営」を実践する上で、三つの失敗パターンと、三つの成功パターンを考えていきます。

「智慧の経営」を妨げるパターンの一つ目は、「トップの甘い判断、見識の不足」です。

不況のせいで潰《つぶ》れる会社というのは、本当は一社もないのです。会社が潰れる原因の九割は、実は、経営者の責任であったり、会社の内部の問題であったりするのです。（中略）

倒産の九割は、「会社の内部」に原因があるのです。

『智慧の経営』（41ページ）

不況で業績が上がらないことはありますが、逆に伸びている会社もあります。業績が上がらない会社の社長は「人のせい、環境のせい」と考えている場合が多いのではないでしょうか。この考え方が、会社の成長を止めています。不況や環境のせいではなく、経営者である自分や、会社に原因があると考えることが「智慧の経営」の出発点なのです。

自らに厳しく、自ら自身を反省し、見つめ直すことが大事です。不況のときこそ、経営者は真にその腕を磨かれ、会社は真に強い会社として生まれ変わることができるのです。（中略）

改めるべきは、まず、「謙虚でない心」です。

『智慧の経営』（43〜44ページ）

経営者ほど「人のせい、環境のせいにしやすく、また慢心しやすい人種はいない」ということは肝《きも》に銘《めい》じていただきたいと思います。

ある公認会計士の方から聞いた話ですが、経営破綻《はたん》でゼロからのスタートをしたA銀行とB銀行があるのですが、10年経《た》って、A行は毎年20億円ほどの利益が出る優良企業となりましたが、B行の利益は毎年3億円ほどです。A行の頭取《とうどり》は謙虚なのですが、B行の頭取は少し威張っていて、2〜3年で交代するのだそうです。謙虚さを失うと、経営が駄目《だめ》になる一つの事例かもしれません。経営者にとって、「慢心は最大の敵」と考えてください。経営者が慢心すると、人からも環境からも学べなくなってしまうのです。

税金を払いたくないばかりに赤字をつくっていないか

「智慧の経営」を妨げる二つ目のパターンは「税金を払いたくないので赤字をつ

くる」（45ページ）ことです。税金を払わないために赤字をつくる、借金経営の考え方です。大川総裁はこれに対し、「『黒字をつくらなくてはならない』と、自らを厳しく戒めなくてはなりません」（45ページ）と述べています。利益が出た時に、顧問の税理士などから「経費を使いなさい」と言われることもあるでしょう。例えば、今期1000万円儲《もう》かるなら、「車を買いなさい」とか「社屋《しゃおく》の補修をしなさい」など、要らない物を買うように言われます。その時に、「むしろ、黒字をつくって会社を安定させるべきじゃないか。社会貢献していくべきなんじゃないか」と考えていただきたいのです。

きれいごとを言っているわけではありません。そうすることが会社の発展にはどうしても必要だからです。経営者の判断によって会社のカルチャーが決まります。いい種をまけば、それが芽吹いて、将来、いい結果が出ます。悪い種をまけば、それが育って、将来、悪い結果が出ます。まいた時には分からないのですが、花を咲かせた時に、「毒麦《どくむぎ》」か「おいしい麦」かの違いが出るのです。

赤字をつくって税金を払わないというのは、実は「毒麦」の種です。社長は、今期の利益を処分しただけのつもりでも、従業員はそう思いません。「この会社はこうやってお金を使っていいのか」「なるべく税金を払わないで、社会貢献は二の次でいいのか」と考えるようになり、冗費が発生し、止めるのにひと苦労することになります。経営者としては、微妙な調整をしたつもりでも、会社という大きな船は微調整が利かずに、悪い方向に進んでいくのです。この点が、経営的に非常にまずいのです。ですから、「赤字をつくって、税金を払わないようにしよう」と考えるのではなく、「倹約して黒字をつくらなければいけないのだ」と自らを戒めることです。

さらに、「自らの会社に縁あって入った人たちに、夢と希望と未来を感じさせなければならない」（46ページ）とあります。「今年もプラスマイナストントンで、税金を払わなくてよかった」という会社に夢と希望は感じないでしょう。「社長、これはセコいんじゃないですか」と社員は思うはずです。

それから、「常に高い目標を胸に抱いて、チャレンジしていくことが非常に大切です。／そういう精神のないトップの下にいる従業員は不幸です」（46ページ）とも述べています。社長が高い目標を持ってチャレンジし、社員に夢と希望、未来を感じさせる。これが、「智慧の経営」です。

実際に、非常に発展している会社は、まず社員に「感動」を与えています。社員に会社や商品のファンになってもらう。あるいは社長のファンになってもらう工夫をしています。

大川総裁が「お客様に感動を与えなさい」とよく述べているように、優れた会社はお客様を幸福にするために、まず社員を幸福にしているのです。わが社の社員に感動を与えられずに、お客様に感動を与えられるでしょうか。それは言葉の矛盾にしか過ぎません。暗い顔で、「うちのお店に来ませんか?」と言っても、誰も行きません。本当に幸せそうな笑顔で、「うちにお買い物に来ませんか?」と言えば、「何かいいことがありそうだ。行こうかな」と思います。やはり身近なところから幸福を広げていくことが王道なのです。

ですから、売上がダウン気味であれば、社員に夢と希望を与えていないのではないかと疑ってみるべきです。そして、どうすれば夢や理想を与えられるのだろうかを考える必要があります。

会社を大きくするのは、結局、三つのパターンしかありません。①新規顧客を増やす。②新規顧客にリピーターになってもらう。③客単価を上げる、あるいはリピートの回転率を上げる。この三つです。

中でも大事なのは、リピーターです。お客様に「またこのお店に行きたいな」と思っていただければ、絶対に成長します。さらに、商品に松・竹・梅というグレードがあるならば、松の商品の人を梅の商品に切り替えていったり（アップ・セリング）、松の商品だけでなく、その関連商品も一緒にお買い上げいただけるように（クロス・セリング）、だんだんグレードを上げていく仕組みがつくれれば、大発展していくのです。

ひと言で言うと「ファンづくり」です。これに成功した会社だけが発展していくのです。そのファンづくりの一番の肝《きも》が、「夢と希望を感じさせる」ということです。ですから会社のファンが増える施策を打つことが大切です。ファンが増えたら、リピーターになる工夫をします。次は商品のグレードを上げていける仕組みを発明していただきたいのです。大切なことは、この3点に関して、「それぞれ打つ手が違う」という点です。それぞれに智慧を絞ることです。

以前、近所のラーメン屋に行ったのですが、ラーメンを食べて帰る時に、餃子《ぎょうざ》のサービス券をもらいました。ただ、有効期間は3カ月なので、3カ月以内にもう一度行く必要があります。また、そのラーメン屋は流行《はや》っていて、女性客が結構入っていました。以前だと、女性一人でラーメン屋に入るのは、あまり見なかったのですが、少しお洒落《しゃれ》な店なので入っていました。そういうリピーターをつくる工夫をしていました。初歩的なビジネスモデルですが、少し考えてみるといいと思います。

光明思想的考え方で、放漫経営になっていないか

「智慧の経営」を妨げるパターンの三番目は、「放漫経営」です。

その放漫経営のもとにあるのは、私がときどき槍玉《やりだま》に挙げている、「光明思想」的な考え方、「人生の明るい面、積極的な面を強調して見ていこう」という考え方です。

『智慧の経営』（48ページ）

なぜ、「光明思想」的な考え方がいけないのでしょうか。

まずは、数字に甘くなりやすいということです。

「発展的なものの考え方を持つことはよいのですが、この経理・財務的なところ

に関して、きちんとした哲学を持っていないと駄目なのです」（49ページ）とあるように、甘い「光明思想」を経営者が持っていると、数字に関して「何とかなる」といったアバウトな考え方に陥りやすくなります。

では、「きちんとした哲学」とは何かというと、それはズバリ、「『出《い》ずるを制して入《い》るを量る』というのが基本戦略」（51ページ）ということです。

「出ずる」とは支出や経費のことで、「入る」とは収入のことです。

つまり、「『お金ができるだけ外に出ないようにするにはどうするか』を常に考えながら、その上で、『お金が入ってくるにはどうするか』を考える」（51ページ）ということになります。将来、収入が入ることを当て込んで、人を雇ったり、広告を出したりするような借金先行型の経営にならないように気をつけなければなりません。

次に、「放漫経営の、もう一つの原因としては、仕事能力のない人たちに、不相応な役職を与えてしまうことがあります」（51～52ページ）とあります。無能な人を上につけてしまうと、影響が広がってしまいます。

ある法話で大川総裁は、料理屋の仲居さんの例を出されていました。仲居さんが、お料理を出してくれるのですが、お鍋が煮立ったかなと思うと、ササッとコンロを下げてしまったそうです。燃料代が惜しいのかもしれませんが、雰囲気は台無しです。こんなことで大切なリピーターを失ってしまえば、何百万、何千万円もの損失です。しかも、その仲居さんは若い子にも同じことを仕込みますから、損失はもっと大きくなるわけです。

「親戚だから」「古株《ふるかぶ》だから」という理由で、重要な役職に不適切な人をつけると、経営が傾く原因になるので、人事には厳しい判断が必要になります。

『智慧の経営』には、光明思想を原因とする倒産に二つの理由があると書かれています。

一つは、光明思想を縁として、極めて甘い経営姿勢――どうにかなる、きっとよくなるという、人まかせ型、運まかせ型、神様まかせ型の甘い経営をしていると、倒産のもとになります。

『智慧の経営』（54ページ）

もう一つの原因は、経営者自身がお人好《ひとよ》しであることです。この二つが、不況期になって企業が倒産する大きな理由です。

『智慧の経営』（55ページ）

以上、「智慧の経営」を妨げる三つのパターンを申し上げました。一つ目が「トップの甘い判断、見識の不足によって智慧の経営と逆をやってしまう」、二つ目が、「税金から逃れたいので、赤字をつくる」という発想。それから三つ目が「放漫経営」です。この三つに陥っていないかどうか、自分の経営スタイル、考え方をチェックしていただきたいと思います。

根性、勤勉、熱意、努力が道を開く

成功パターンについても触れておきます。

まず、前提として「堅実さ」を挙げておきたいと思います。

最初から大金を注ぎ込んで成功させようとしても、現実には成功しないものです。

ですから、小さなところから始めたり、他人の庇《ひさし》を借りて始めた商売が失敗しないとよく言われるように、小さなところからだんだん大きくしていった場合には失敗しません。

『智慧の経営』（58ページ）

これは、経営者として立つ時や、新規事業を起こす時に必要な考え方です。いきなり「生きるか死ぬか」の大勝負に出るのではなく、一人ずつファンをつくって、それから事業を広げていく発想をしてください。詳しくは、大川総裁の『経営が成功するコツ』で「わらしべ長者」の例などを挙げながら分かりやすく解説してくださっていますので、ぜひご確認ください。

さて、成功パターンの一つ目です。それは「努力」です。

「根性」「勤勉」「熱意」「努力」が道を開く時代なのです。これがデフレ時代の正攻法なのです。

『智慧の経営』(61ページ)

端的に言えば、「智慧がまったく出ない者は、汗を流すしかありません。そうすると、流れとしては逆転するかもしれませんが、もう少し多く働かなければいけないことになります」（63ページ）ということです。経営者は、「智慧を出す」と同時に、もっとまめに働き、もっと汗を流すことが求められる時代なのだということです。「汗を流す」ことも立派な差別化です。智慧と工夫によって、「うちの商品はここが違います」というものが打ち出せればいいのですが、「智慧がそれほど出ないなら、努力と根性で勝負する」ということです。例えば、美容院であれば、「他のところは21時か22時で閉めますが、うちは24時までやってます」と勝負すれば、立派な差別化になります（休みは適度に取ってください）。

徹底的にコストダウンする

二つ目は「まず、徹底的にコストの削減をやらなければいけません」（64ページ）ということです。

やはり、品質のいい物を安く提供するというのは定石です。ただし、普通にコストダウンしただけでは、競争相手に勝てませんので、工夫に工夫を重ねて、努力に努力を重ねてコストダウンをしていただきたいと思います。

それから、「『自社の欠点を見つけ出し、それを正していく』ということが非常に大事になってきます」（66ページ）と書いてあります。ここで大事なポイントは、第4章でも詳述する「クレーム処理」です。もし、クレームを聴かなければ、知らない間にお客さんがいなくなります。クレームは嫌なものかもしれませんが、これはぜひ「宝の山」だと思って聴いてください。

以前、私は駅ビルにあるとてもきれいなホテルに泊まりました。私はそのホテルが気に入ったので、会員になりました。出張から戻って来月もそこに宿泊しようと、インターネットで予約を入れようとしたのですが、「24時間以上経たないと予約できません」とエラーが出ました。結局、他のホテルに予約しましたが、このホテルは、私が3泊するはずだった何万円分かを損しています。おそらく、このような状況が起こっているとは、ホテル側は気づいていないと思いますが、クレームを聴く姿勢を持たないから分からないのです。

それから、「赤字になる前に、『ここが無駄だな』という部分を削っておけば、実際には赤字にならずに済むこともあるわけです」（67ページ）と書いてあります。「将来、赤字になったら何を切るか前もって考えておけ」ということです。特に、これからは「乱気流の時代」だと言われていますので、最悪の事態を考えた時に、何を切って、何を残すのか。これをあらかじめ予測し、撤退する基準やタイミングを考えておく、不測事態対応計画（コンティンジェンシー・プラン）が大事になります。

幸福の科学で学んでいて、黒字経営を目指される人は、横浜正心館《しょうしんかん》の「経営黒字化必勝作戦」研修などを受けることをお勧めいたします。赤字で苦しんでいる人はもちろん、黒字の会社の経営者にも受けていただきたいと思います。

「うちは黒字だから大丈夫です」という人も、いざ赤字になった時にどういう手を打つのかまではほとんど考えていないでしょう。そのための予防ワクチンのような研修なので、あらかじめ受けておくといいと思います。

高付加価値部門を育てる

三つ目は、「高付加価値の部門を育てる」（68ページ）ということです。

「技術をいっそう高める。ソフトのレベルを上げていく。他の追随を許さないもの、さらに高付加価値のものをつくっていく」ということが大切です。そのためには、教育投資も必要ですし、研究の時間も要るのです。

『智慧の経営』（69ページ）

例えば美容院であれば、カットの技術を高めるだけでなく、その他にも美に結びつく高付加価値のサービスを考えるわけです。そうした研究に怠りがないかどうかチェックしていく必要があります。

ここで述べた「汗を流し、勤勉に働く」「無駄を削ってコストダウンをする」「高付加価値部門を育てる」の三点は、「デフレ時代の智慧の経営」として押さえておくべき重要論点です。

反省なくして発展なし

次に、智慧を出すためには、反省の習慣が大切だという論点です。

『智慧の経営』の第2章に、「『反省』がない企業には、『発展』の可能性はない」（83ページ）とズバリ指摘しています。

もう一段、伸びていきたければ、やはり、欠点を反省しなければいけません。「自社の欠点は何であるか」ということを、自分の目で見ます。それから、自分のところの社員が、智慧を尽くして見ます。さらに、お客さんの目でもって見ます。「お客さんは、どう判定しているのか」ということを見るのです。

『智慧の経営』（84ページ）

発展する会社の社長は、みな反省ができる人です。ある印刷会社の社長は、「日光精舎の『八正道《はっしょうどう》』研修（注）を受けて、目からウロコが落ちました」とおっしゃいました。その会社で、ある幹部が「辞める」と大騒ぎしたことを、社長は自分の問題として反省し、「今まで売上、売上で、社員の幸福を忘れていた」「もっと社員の幸福を考えなくては」と気づかれたそうです。

「自分の会社のコストダウンをどうしていくか」、あるいは「新規事業、新しい付加価値を生み出すものは何なのか」「自分の会社の使命は何か」ということを考えつつ、自社もしくは自分自身の欠点を、「自分の目」「社員の目」「お客様の目」の三つの視点で見ていただきたいのです。

まったく欠点がないという場合は、大発展しているはずです。しかし、発展がそれほどでもないのなら、反省の余地が絶対にあるはずです。反省するポイントが思いつかない場合、何か大切なものを見落としているということになります。「反省なければ発展なし」ということは、裏返せば、「反省できれば発展する」ということです。そのように積極的に考えていただきたいと思います。

（注）幸福の科学の総本山・日光精舎（栃木県）では、「八正道・中級」「八正道・上級」「八正道プラス三正道」など、各種の八正道研修を実施している。

第3章

集中戦略と撤退戦略

不況期の基本戦略とは

第3章では、不況期の基本戦略を学びます。『智慧《ちえ》の経営』の第3章に当たる内容です。前章では「智慧の経営の前提条件」を学びましたが、第3章以降では「智慧の経営の実践論」としての「八つの智慧」が展開されています。

そのはじめが「集中戦略」と「撤退戦略」です。この二つはセットで学ぶことが大切です。

『智慧の経営』を繙《ひもと》いてみましょう。

戦《いくさ》でも、戦力を集中すれば勝てます。(中略)

しかし、戦力の集中をすると、同時に両脇が空《あ》くことがあります。この両脇を攻められると弱いのです。
戦の采配《さいはい》の部分、勝敗を分ける部分はここに尽きています。
『智慧の経営』（107〜108ページ）

戦力の集中というと、例として「桶狭間《おけはざま》の戦い」がよく引かれます。これは、駿河《するが》から約3万の大軍を率いて行軍中の今川義元《よしもと》を、わずか2000の織田信長軍が急襲し、勝利を収めたというものです。この信長の勝利で、歴史の歯車は大きく変わりました。この時、今川軍は「長蛇《ちょうだ》の陣」を敷いており、雨が降る中、休憩して昼食を取っていた義元の周りには300人ぐらいしか兵がいなかったと言われています。ここに2000人の織田軍がなだれ込んできたのです。全体で見れば、3万人対2000人ですから、平野に布陣しても、籠城《ろうじょう》しても織田軍に勝ち目はありません。しかし、桶狭間という局地戦だけで見れば、300人対2000人で織田軍が優勢だったために勝てたのです。

つまり、弱者が強者を倒すには、兵線が伸び切ったところで相手の中軍《ちゅうぐん》を狙うしかありません。ここから学び、社業の発展を実現しようとするならば、「戦力の絞り込み」「戦力の集中」をしなければならないということです。

「戦力の絞り込み」について、『智慧の経営』では、セブン‐イレブンの弁当の例が紹介されています。創業当時の同社のトップはアイデアマンだったので、「こんなニーズがある」「あんなニーズもある」と、１００種類ぐらいの弁当を考えついたところ、お客さんはかえって「どれを選んでいいか分からない」と悩んでしまい、売れなかったといいます。そこで、売れ筋の10種類ぐらいに絞り込むと、爆発的に売れたそうです。

雑誌コーナーでも、なるべく多くの種類の雑誌を並べたくなるところですが、点数を絞り込んで、一つの雑誌を2面、3面と並べたほうが、全体の売上は伸びることもあるそうです。

グー・パー・チョキ戦略

大川総裁は「戦力の集中」から始まる一連の戦略の流れのことを、別の言葉で「グー・パー・チョキの戦略」とも説明しています。会社を大成功させようと思うなら、まずは「グー」で絞り込んで、一点突破する。そして、有名になる、あるいは売れる、評判が立つようになる。そうすると、今度は「パー」でいろいろなニーズに応えていくのです。

例えば、味噌を販売するならば、味噌そのものでまずは評判を取ることです。そうすると、「味噌をスープにも入れてほしい」とか、「味噌せんべいがあったらいいのに」とか、「味噌をバターのようにパンに塗る」とか、いろいろなニーズが出てきます。それに対応していくと、売上が上がります。ところが、多様なニーズに応えていると、利益率が下がってきて、「売れているのに利益が出ない」ということになってくる。その時には「チョキ」で、売れていないものから順番に切っていかなくてはなりません。しかし、これは言うのは簡単ですが、意外にできないものです。

私の知人に、小田原で海の見えるレストランを経営している方がいます。この方は板前でもあり、腕に覚えがあるので、たくさんのメニューを用意しました。すべて自分が工夫したものなので、人気があろうがなかろうが、メニューから外すことができないわけです。いかにも職人気質《かたぎ》なのですが、奥さんが「こんなに出しても駄目《だめ》よ」とバッサリ切ってしまいました。この方は、「いったん絞り込んで、もう一回、力をつけない限り、次の発展はない」ということで、涙ながらに納得しました。理屈では分かっていても、苦労して開発したメニューは、愛着があって自分ではなかなか切れないものです。しかし、思いきって切った結果、お客様も増え、利益が上がったのです。

起業する際には、さまざまな商品を考えつくと思いますが、最初から「パー」では駄目です。一点突破（グー）、全面展開（パー）、そして多様化を見直して、高収益に持っていく（チョキ）と、この順番が大切です。
絞り込まない人は、経営資源を使い果たし、最後は会社を傾けてしまいます。

絞る込むための三つのポイント

では、どうやって絞り込めばよいのか、そのポイントを3点挙げておきましょう。

①「ここを叩けば勝てる」というポイントを調べる

一つ目は、「ここを叩けば相手が壊滅するという重要ポイントを調べること」です。桶狭間の戦いであれば、「今川義元がこの時間に昼食を食べている」という情報です。「どこを攻めれば自分たちが勝てるか」「ここに集中すれば勝てる」というポイントを見出さなければなりません。

あるテレビ番組で、讃岐《さぬき》うどんのチェーンである丸亀《まるがめ》製麺の社長が、「ラーメンとかレストランとかで、大手食品チェーンはあるけど、うどんはない。だから自分はうどんのチェーンをつくろうと思った」と話していましたが、同社も「集中戦略」で成功した事例と言えるでしょう。

②敵に備える間を与えないスピードで攻める

二つ目は、「敵に準備させないスピード」です。桶狭間で今川義元を攻める時に、織田軍が「今から行きますよ」と言ってパッカパッカと行っていたら、今川軍も迎え撃つ準備をしてしまいます。相手に気づかれる前にサッと行って、相手の首を取ったら、サッと引き上げる。これが大事です。首を取って、「やった」とばかり、その場で大宴会でもしようものなら、「なんだ、なんだ」と敵が集まってきて、包囲されてしまいます。

強いボクサーというのは、パンチを繰り出すスピードもさることながら、パンチを引く速さがすごいといいます。槍術《そうじゅつ》でも、槍《やり》は突くよりも引くほうが難しく、引く速度が速くなければ名人にはなれないそうです。なぜなら、槍を突いて刺さっている間は、攻撃できないばかりか、無防備だからです。引くのが速ければ、槍を縦横《じゅうおう》無尽《むじん》に使える時間が長くなる。つまり、強い人というのは速く引く人なのです。ここは、誤解しないでいただきたいポイントです。

小さな企業を成功させようと思ったら、「スピードが勝負」だと思ってください。いったん、やると決めたら、パッパッ、パッパッとやっていくことです。「どうしようか、ああしようか」と、いつまでも逡巡《しゅんじゅん》していると、敵に包囲されてしまいます。

③仲間との一体感をつくる

三つ目は、「ともに戦う仲間との一体感」です。チームで理念を共有し、情報を共有して、補完関係を構築しなければ、敵を倒すことはできません。

桶狭間の戦いの前に、織田信長が熱田神宮《あつたじんぐう》で必勝祈願をしたところ、白い鳥が飛び立つという吉兆《きっちょう》が起きたことから、「自分たちは勝てる」という一体感が出たといいます。これが、「本当にやるんですか、信長さん？　私たちは嫌ですよ」なんて言う部下がいたら、とても戦えません。一人でやる分には関係ありませんが、もしチームで戦っていくのであれば、心を一つにすることが大事です。

以上、3点申し上げました。「どこを叩けば相手が壊滅するかという情報」「敵に準備させないスピード」「戦う人たちの一体感」がそろった時に、局地戦、集中戦は成功していきます。

勝った後のビジョンを描く

加えて重要なことがあります。大軍を相手に戦う場合、戦力を集中して一気呵成《いっきかせい》に攻めれば、相手が油断している場合は必ず勝てます。しかし、「勝った後、どうしたいのか」というビジョンがなければ、すぐに包囲されてしまうのです。

織田信長は桶狭間で勝利を収めた後、松平元康《もとやす》、後の徳川家康を味方に引き入れ、「今川に攻め込んで、領土を侵食するように」と指示を出しました。自らは足利義昭《あしかがよしあき》を室町幕府の第15代将軍に据《す》えるべく、京都に乗り込み、全国に覇《は》を唱えました。こういう手を素早く打てないと他の諸侯が、「天下を取るのは俺だ」と名乗りを上げてくる。あるいは今川の残党たちが、「弔《とむら》い合戦だ」と攻めてくる。それをさせないための「次のビジョン」が必要だったのです。

一点突破を狙う場合は、成功した後、どうするかというビジョンまで考えておく必要があります。

大手の企業も、目を皿のようにして「儲かることはないか」と探しています。顕著なのはホテル業界です。たまたまいい土地にホテルを建て、そのホテルが流行《はや》り、客室の稼働率が9割を超えると、必ず近隣に競合するホテルが建ちます。しかし、稼働率が6割を切るとホテルは潰《つぶ》れます。集中戦略により独り勝ちしても、あまり流行り過ぎると競合相手が出てきて、旨味がなくなってしまうので、このさじ加減には注意が必要です。

また、「集中戦略は決死の作戦である」「生きるか死ぬかの必殺の作戦である」ということを考慮に入れ、「負けたとき、どう撤退するか」を同時に考えておかなくてはなりません。この意味で、「集中戦略」と「撤退戦略」というのはセットだと言えるのです。

『智慧の経営』にはこうあります。

勝つことばかりを考えるのではなく、撤退戦というものがあることを知らなければいけません。被害をどれだけ食い止めるかが大事です。撤退して被害を食い止めれば、もう一度、戦力を立て直すことができるのです。ところが、それをしないと、全滅してしまうことがあります。

あの織田信長でさえ、「負けだ」と思ったときには、命からがら、一騎で逃げています。（中略）

信長は、「勝ち目なし」と悟ったら、即、逃げ帰っています。

『智慧の経営』（151～152ページ）

織田信長の合戦の話がまた出てきますが、桶狭間の戦いの10年後、織田信長と福井の朝倉義景《あさくらよしかげ》との間に「金ヶ崎《かねがさき》の戦い」が起こります。全国に「朝倉をやっつけに行くぞ」と下知《げち》して、織田軍は錚々《そうそう》たる面々で出かけていきます。ところが、福井の金ヶ崎で戦っていた織田軍が、もうひと押しで勝つという時に、味方だと思っていた浅井《あざい》氏が寝返り、朝倉軍と浅井軍に挟み撃ちにされてしまうのです。浅井家は、新興勢力の信長の妹をお嫁さんにもらい、姻戚《いんせき》関係を結んだものの、昔から浅井、朝倉両家は仲がよかったことから、最後には寝返ってしまったわけです。

その時、信長は二つの決断を下します。一つが、大将である自分は即、京都に逃げ帰る。もう一つが、殿《しんがり》に木下藤吉郎《とうきちろう》（後の豊臣秀吉）を置くということです。

「それがどうした」と思うかもしれませんが、これはすごいことです。どういうことかというと、当時の秀吉は、織田軍では若手のエースのような存在でした。殿は自らを盾として、相手が攻めてくるのを何とか食い止めながら、本隊を逃がすのが役目です。つまり、殿を務めるということは、〃イコール死〃というのが当時の常識です。皆さんは、自分の大事な右腕である部下を死地に追いやるような判断ができるでしょうか。実際、秀吉の決死の奮戦によって、浅井・朝倉軍は追撃戦が十分にできなかったのです。結果、信長は生還し、それから2カ月後の姉《あね》川《がわ》の合戦で、浅井・朝倉家は織田軍にやられてしまい、甚大な被害を受けます。

撤退戦の二つのポイント

ここから学ぶべき教訓は二つあります。

一つは、織田軍が撤退する時の潔さです。その時に、「自分は日本一強い」といった見栄はないのです。「恥も外聞も捨てて、一目散に逃げた」ということです。もう一つは、「殿にエース級の部隊を配置して、被害を最小限に抑えようとした」ということです。これは慧眼《けいがん》でした。

また、浅井・朝倉軍に「いい軍師がいなかった」ということも挙げられます。浅井氏が寝返って、信長の首を取れそうになった。しかし取った後に何をするのか、決めていなかったのではないでしょうか。先ほど述べた「集中戦略のパラドックス」がここにも働いているのです。もし優秀な軍師がいたら、「追撃戦と見せて京都になだれ込んでしまえば、天下に覇を唱えることができますよ」と言ったかもしれません。

これが不測事態対応計画（コンティンジェンシー・プラン）です。

例えば、新しい事業に乗り出そうとした時に、元手が500万円しかないとしましょう。「成功させるまで絶対やめない」と言って突き進むのも一つの手ではありますが、やがては首を吊《つ》るような事態に追い込まれないとも限りません。ですから、「この500万円が100万円になったらサラリーマンに戻ろう」、あるいは「借金だけは絶対にしない」などといった具合に、トリガー（引き金）を決めておく。これが不測事態対応計画です。

かなり高度な戦略ですが、これは考えておくべきです。「損切《そんぎ》り」と思っていただいてもいいかもしれません。

株式でも、素人《しろうと》は株価が下がっても「いつか上がる」とずっと持っています。しかし、プロは下がったらすぐに損切りします。例えば「2割下がったら売る」と決めて、実際に下がったら売ります。そして安い株を買って、また上がるのを期待します。株価が上がった場合も、10％ほど儲けたら売って、利益を確定させます。そして、その儲けを元手にまた新しく買うというパターンを繰り返します。素人はいったん買ったら、ずっと握りしめて、「上がった」「下がった」と一喜一憂してしまいます。これでは限りなく博打《ばくち》に近くなります。まず、儲かりません。一時的に儲かっても、どこかで大きく損することになってしまうのです。

劣後《れつご》順位を決める判断力

『智慧の経営』第3章の重要なポイントを他にも見ていきましょう。

経営者にとっては、「護るべきものは護り、捨てるべきものは捨てる」という考え方が非常に大事です。（中略）

ただ、これとは逆の発想ですが、やらないものの順位（劣後《れつご》順位）を、いつも考えておくことも必要です。

『智慧の経営』（110ページ）

例えば、「マーケット規模が5000億円以上のところには絶対参入しない」とか、「世界ナンバーワンの商品が持てるようなところ以外は参入しない」といったように、「これは絶対にやらない」ということを決めておくことが重要です。やらないものの順位のことを「劣後順位」と言います。

「集中戦略だ」と言いながら、いろいろな事業に目移りするのは矛盾します。経営資源を集中投下するには、「このような事業には参入しない」という劣後順位を決めることも重要なのです。

経営者に求められる資質についても、『智慧の経営』から学んでみましょう。

経営者の仕事能力として大事なものは、「判断力」です。

『智慧の経営』（129ページ）

経営理念や経営者としての大きなものの考え方に基づいて、企業のなかで、そのつど、「取るべきもの」と「捨てるべきもの」を必ず決めなければいけなくなります。

この判断には痛みを伴います。

『智慧の経営』（131ページ）

経営者であれば、「痛みを伴う判断をしなくてはならない」ということです。人から嫌われたり、恨《うら》まれたりすることに対して、抵抗力を持たなくてはならないのです。

痛みを伴う判断をすべきときに決断ができなければ、基本的には経営者が責任を回避したことになります。

『智慧の経営』（132ページ）

切らなくてはならないものとしては、「無能になった人を切る」「利益の出ない商品やサービスを切る」、あるいは「投資でなく浪費になっている支出を切る」「時間の無駄遣《づか》いになっている習慣を切る」などといったことが考えられます。その時には痛みを伴いますが、勇気を持って判断してください。

これができなくて倒産していく会社がたくさんあります。「今は無能になったけど昔お世話になった人」「今は利益が出ないけど以前社業躍進の立役者だったという、思い入れたっぷりな花形商品」など、心情において切るに忍びないものはたくさんあります。しかし、それを切らなくては会社全体が沈む場合には、決然として切らなければなりません。

ただし、不採算部門の切り捨てに際しては、注意すべきポイントがあります。

ただし、間違ってはいけないことは、現時点では十分な利益が出ていないけれども、これから伸びる可能性がある部門を、不採算部門だと考えて切り捨ててはいけないということです。将来の「金のなる木」になる部分を捨ててはいけないのです。

また、社内で〝継子《まま こ》扱《あつか》い〟をされている商品や事業のなかに、手がかからないわりに利益を出しているものがあります。（中略）

これは、「シンデレラ商品」といわれるものです。

『智慧の経営』（140〜141ページ）

皆さんの会社にも、「何の宣伝もしていなくても、これだけは売れる」といった商品はありませんか。そういうものは切ってしまうのではなく、大事に育てていかなくてはなりません。

以上の集中戦略と撤退戦略は経営の基本であり、セットで考えなくてはなりません。また、一度やれば終わりではなく、市場は常に変化していますから、「どこに集中すべきか、どこを切るべきか」は常に考え続ける必要があります。

第4章

クレーム処理と危機管理

経営者の仕事は、クレームから「次なる発展の芽」を見つけること

この章では、「クレーム処理」と「危機管理」について勉強したいと思います。

まず、クレーム処理について学びます。

最初に申し上げたいことは、経営者であるなら、「クレーム処理は自分の仕事だ」と思っていただきたいということです。特に、経営規模が小さなうちは、クレーム処理は経営者の大事な仕事です。

なぜなら、『智慧《ちえ》の経営』で大川総裁が「お客様のクレームの一個一個を大事にすることが、明日につながることもあります」（164ページ）と述べられているように、クレームには「会社の次なる発展の芽」が隠れているからです。クレームを通して「次なる発展の芽」を発見するのが経営者の仕事です。だからこそク

レームは「努力して聴かなければならないもの」なのです。

「声なき声」にも耳を傾けなければならない

お客様は商品やサービスの欠点をよく知っています。そして、お客様は本当はクレームを言っているのですが、経営者にだけ聞こえてこないのです。

この「声なき声」が聞こえた経営者のみ、生き残ることができます。そうした経営者こそが、お客様を、固定客、リピーターにしていくことができるのです。

逆に、経営者が「声なき声」を知らずにいると、会社は駄目《だめ》になっていきます。実に恐ろしいものです。

経営コンサルタントの一倉定《いちくらさだむ》が、あるコロッケ屋の経営者のエピソードを紹介しています。

そのコロッケ屋はあるフードセンターの中にあったのですが、その中にはもう1

軒、別のコロッケ屋がありました。ところが、ライバル店のほうはよく売れているのに、自分の店はお客様が通り過ぎてしまいます。

流行《はや》っていないほうの店の経営者は、いたたまれなくなって、ある日、流行っているほうの店の客に「なぜうちのコロッケを買ってくださらないのでしょうか？」と恥を忍んで聞いてみたところ、その客は「おいしくないからだわよ」と答えたそうです。その経営者は、その時初めて、「自分のコロッケは不味《まず》かったのだ」ということに気づきました。このように、経営者本人だけでは、うぬぼれていて分からないものなのです。

この例は、経営者の方にとって、他人事《ひとごと》ではないかもしれません。もし、自分の会社が他と比べて流行っていないとしたら、お客様が何らかの不満を持っているということです。

お客様は、日本全国のサービスを見ています。だから、いくら経営者が「日本一の製品をつくります」「日本一のサービスをやります」と言っても、お客様は日本全国のサービスと比べて「お宅は駄目ですね。だから他の会社のものにします」と言っているわけです。この厳しさを、経営者たる者、いつも心に留めておかなければなりません。

クレームを言ってくれるお客様は、経営の先生でもあります。厳しくとも、素晴らしいことを教えてくださっているのです。ここからトップが逃げていたら、どうしようもありません。その声に勇気を持って向き合い、改善をしていかない限り、会社が生き残ることはありません。

お客様がクレームを言ってくる前に改善する、三つの方法

クレーム処理を考える上で、まず大切なことは、逆説的ではありますが、「お客様からクレームを言ってくる前に、改善すること」です。

『智慧の経営』では、大川総裁があるホテルでコーヒーを頼んだところ、30分も

待たされて冷めたコーヒーを出されたエピソードが紹介され、次のように述べられています。

客というのは厳しいもので、そういうクレームを言ってはくれないのです。

（中略）

それ（クレームを書く用紙）を書くということは、〝最後通牒《さいごつうちょう》〟を突きつけることを意味するので、「もう二度と泊まらない」という意志を固めたとき以外は、書くことはないです。

『智慧の経営』（168ページ）

よく飲食店などに「何か気になる点、ご不満な点をお書きください」という用紙が置いてありますが、そういった用紙に「クレームを書かれてからでは遅い」ということです。

そうなる前に、手を打たなければなりません。それには、次の三つの方法があります。

①日頃から、お客様の声を聴いておく

一つ目は、日頃から、お客様を追いかけてでも、自社の商品やサービスについて「何か悪いところはないでしょうか」と聴いておくことです。

お客様に実際に聴いてみれば、欠点を知り、修正することができます。

競争に打ち勝っていくためには、長所を伸ばすことが必要ですが、それに劣らず、欠点を修正していくことも大事です。そのためには、「うちのサービスはどうでしたか。何か粗相《そそう》がありませんでしたか」と実際にお客様に聴いてみることです。

②自社のサービスを受けてみる

二点目は、自分で自社のサービスを受けてみることです。

経営者が自分でサービスを受けてみると、「おやっ」と思うことをよく発見することがあります。

その例として、大川総裁は『智慧の経営』で、次のような話をされています。

スーパーでは、従業員が、売れない商品が売れるように、新しい商品を棚の奥のほうに隠し、代わりにお客様が買いたがらないような古い商品を前に出してくることがあります。こんなやり方は、経営者が見ればバカげた話なのですが、従業員にはそれが分かりません。そうしたことがあるので、経営者は現場にフラッと行って、実際にサービスを受けてみることが必要なのです。

スターバックスコーヒー ジャパンの元CEOであった岩田松雄氏も、よくお忍びで自社の店舗に行っていたそうです。ただ、スターバックスの店員はとてもよく教育されているため、社長であることがすぐにバレて、「今日は、お休みですか?」と岩田氏にしか聞こえないくらいの声で言ってコーヒーを出してくれたので、「これなら、まだまだやれるかな」と思ったと、岩田氏は著書に書いています。

③「一流」と言われる他社と比較してみる

三点目は、「一流」と言われる同業他社やその商品と自分のところを比べておくことです。「ベンチマーク」とも言いますが、自分の業界で「ナンバーワン」と言われるものと比べてみることです。

例えば、カレーライスであれば、「日本一おいしいカレーライス」と自分の店のカレーライスを食べ比べてみるのです。

その時に、「白紙の目で見ること」が大切です。「俺のところのほうが美味《うま》い」と言わずに、「売れている理由は何か」「味に秘密があるのではないか」と考え、見抜いていかないといけません。そうすると、自分のところのカレーライスも売れていく可能性が出てきます。

④若い人の声を聴く

もう一つお勧めしたいのが、「若手の人たちと話をしてみる」ということも、あえて、言っておきたいと思います。

やっぱり、40代、50代、60代となると、もう、若者の感性からかけ離れていると思ってください。

私も最近気づいたのですが、ある一定の年齢よりも年下になると、オヤジギャグが通用しないのです（笑）。つまり、ギャグが通用しない人たちの意見を入れないと駄目なのです。そういう人たちを仲間に入れて、「うちのサービス、どうだろうか」「うちの商品、どう思う？」とチェックしていかないと、新しいものが出てきません。

事業をやっている人は、若者から見てどう見えているのか、聴いてみたらいいと思います。「社長の考えは古いですよ」と言われるかもしれませんが、これが大事なことなのです。

経営者は、「おらが大将」で、自分のところが世界一、日本一などと言っていますが、そんなことはありません。事実、なっていないでしょう。自分でそう思っているだけで、客観的な事実ではないはずです。売上でも利益でもいいのですが、日本一の会社は他にあるはずです。謙虚にそれを認めて、勉強して努力することが大事です。

クレームにどう対処するか
――基本方針は、「早急に手を打ち、ファンに変えてしまうこと」

次に、お客様からクレームをいただいた時にどのように対処するかを考えたいと思います。

具体論に入る前に、ある統計をご紹介しておきたいと思います。

失礼な扱いをされて腹を立てているお客様の96％は表立って抗議はしてこない、

サービスに不満のあるお客様のうち90％は戻ってこない、不満を持つお客様は不満を最低でも9人に話す、そのうち13％が20人以上にその経験を吹聴《ふいちょう》する、という話です。

この統計によれば、クレームを言ってくる人が一人いるだけでも、事業には大きなマイナスになることが分かります。そのため、クレームをいただいたお客様には早急に対処し、できればその場でお客様をファンに変えてしまわないといけません。

では、クレームをいただいたお客様をファンにする方法とは、どのようなものでしょうか。

①まず、謝罪する

どの本にも載っていることですが、まずは、謝罪です。「申し訳ございませんでした」と言うところから始めることです。

逆に、「うちは悪くありません」と言い訳してしまうのは最悪の対処です。

②相手の言いたいことを、すべて引き出す

次に、「どのようなことがあったのでしょうか」と、実際に何が起きたのかを聴き出すことです。お客様からはいろいろな文句を言われると思いますが、耳を傾けることが大事です。

この時に、「いや、それはこういう理由です」「こういう事情だったのです」などと絶対に言い訳をして口を挟んではなりません。お客様の言葉に対して、「そうだったのですね。申し訳ありませんでした」と相槌《あいづち》を打ちながら、ひたすら聴くことです。

そうして、「もう何も言うことがない」というところまで、お客様が言いたいことを一つ残らず引き出さなければなりません。ここが不十分だと、後でまた蒸し返すので、徹底的に〝吐き出して〟もらうことです。そして、一生懸命メモを取

って、「こういうことがあったのですね」と必ず確認しておくことです。このメモがクレーム対応のマニュアルにもなりますし、相手に悪意があって裁判になったりした時の組織防衛にもつながります。これが、二つ目です。

③期待を上回るサービスを打ち返す

そして、「相手の期待を上回るサービス」を打ち返すことです。これが大事だと思います。そうしたサービスの仕方は、事前に想定をしておくとよいと思います。例えば、大阪のあるホテルでは、「お客様のためならば、20万円までは店員が自分の裁量で使って構わない」ということになっているそうです。

そのホテルで、あるお客様が講演会の資料と老眼鏡を部屋に置き忘れて帰ってしまいました。それを見つけたハウスキーパーは、何のためらいもなく、東京行きの新幹線に乗り込み、東京駅で持ち主に資料と老眼鏡を渡すことができたそうです。

そのお客様は、実は大学の先生で、資料を使って、無事、その日の講演会を盛況のうちに終わらせることができたそうです。その先生は、その後、常連客になったことは言うまでもありません。

この例は、ズバリ、クレーム処理とは少し違う話ですが、「期待を上回るサービスをする」ということの参考になる話です。

上手なクレーム処理は、「逆転の秘法」である

大川総裁は『智慧の経営』で、このようなクレーム処理は「逆転の秘法」であると述べ、その要点を次のように示されています。

たいていは、ユーザーの側にも何か落ち度がある場合が多いので、会社側も言い訳はできますが、そういうときに弁解をせず、全力を挙げて解決に取

り組むという姿勢が、危機における組織の生き残り策としては非常に大事です。
『智慧の経営』（180～181ページ）

『智慧の経営』では松下電器（現・パナソニック）の石油ファンヒーターの死亡事故が取り上げられていますが、他の事例として、「タイレノール事件」をご紹介します。

1982年、アメリカでジョンソン・エンド・ジョンソンという製薬会社が販売した「タイレノール」という鎮痛剤を飲んだ人が、7人も相次いで亡くなり、「薬のせいで死んだのではないか」という騒ぎが起きました。

ジョンソン・エンド・ジョンソンの社長は、即座にその薬を製造中止にして回収を始め、テレビで全米に「服用しないでください」と呼びかけ、同じ事件が起きないように素早く対応しました。しかし、1週間くらいすると、7人が亡くなった理由は、その薬に誰かが毒物を混ぜたためであることが分かったのです。

「自分の会社の責任ではなかったにも関わらず、とても素早い対応をした」ということが大変な評判となり、ジョンソン・エンド・ジョンソンの株は急上昇したそうです。

これは「逆転の秘法」そのものです。言い訳をせず、経営哲学に従い、会社ができることに全力で取り組んだ賜物です。

危機が来る前に「危機に対する備え」をしておく

次に、危機管理について考えたいと思います。これまで考えてきたクレーム処理の問題も、危機管理の一つです。

危機管理とは、外部環境の変化や社内の問題など、幅広く経営に危機をもたらす事態をどのように乗り切るかということです。

危機管理として大切なことは、まず、「うまくいっているうちに備えをしておく」ということです。

『智慧の経営』では、「一つの商品で一本勝負をしているところ」について、「危機に対する備え」をしておくこと（184～185ページ）の大切さについて述べています。

鳥インフルエンザの時の焼き鳥屋、狂牛病の時の牛丼屋が大変だったように、単品商売をしているところは、屋台骨《やたいぼね》が崩れた時には何もなくなってしまいます。

これは、コンサルタントである一倉定が言っていた「オンリーさん」です。だからこそ、「時すでに遅し」となる前に、二の矢、三の矢が継《つ》げるよう、準備をしておくことです。これが、大川総裁の言う、「波状攻撃の理論」です（『社長学入門』79ページ）。

また、「事前に危機に対する備えをしておく」という考え方は、実は、企業が発展する時のつまずきを防ぐためにも必要です。

これは、「商品」だけではなく、「人材」についても当てはまることなのです。

例えば、個人で「商売」を始めた場合、仕事がたくさん入ってくると、人を雇って「会社」に移行する段階がやってきますが、ほとんどの場合、この移行の段階でつまずきます。

能力が高い人が来てくれても、たくさんの仕事を任せられてありがたい反面、そういう人が持ち逃げしたり、突然辞めて、その人がやっていた仕事がすべて抜け落ちるなど、甚大《じんだい》な被害を受けることがあります。

逆に、人材募集をしたら能力のない人が来てしまい、教えることばかりに力をそがれ、しかも、一人前に育たないまま辞めてしまうことがよくあります。

この「移行の段階での危機」にどう備えるかについて書かれた本は、ほとんどありません。そこで、一つの方法を紹介します。

個人事業主として、奥さんなど、2、3人の仲間とやっていて、仕事が回り始めたら、組織図をつくっていただきたいのです。まず、経理、営業、製造、販売、PR、総務など、会社がこれから大きくなっていくために必要な部署名を書きます。

さらに、それぞれの部署の長として、今、その仕事を担当している人の名前を入れていきます。社長が三つ、奥さんが二つという感じかもしれませんし、「全部自分でやっている」という人もいるかもしれません。

それから、部門の長の名前の下に、今、実際にやっている仕事の項目を書き込みます。そして、それぞれの項目について、簡単なものでよいので、マニュアルをつくります。例えば、経理、営業、製造など、「うちではどのようにやっているのか」について、手順を明確にし、書き出しておくのです。

その上で、人材募集をしていただきたいのです。「忙しいから」といって闇雲《やみくも》に人を雇うのではなく、どんな仕事があるのかを、マニュアル化して明確にした上で、営業なら営業に合った人、経理なら経理に合った人など、「仕事に合った人材」を採用することです。採用したら、「そのマニュアルに沿ってやってください」と言って人材育成していけばいいのです。そうして人材募集をしていけば、人を通じて付加価値を出していく体制が確実にできていきます。

これは、「移行の段階の危機」を防ぐと同時に、会社を成長させるための原動力にもなります。

今までのやり方を「あえて捨てる」

また、危機管理の心構えとして、次に、「今までのやり方を捨てる」ということを挙げたいと思います。『智慧の経営』では、競争に敗れても生き残る方法として、このように説かれています。

競争に打ち勝てなければ、敗れていくことになります。敗れる者は悲しいけれども、「それによって、社会全体としては進歩しているのだ」と思って、あきらめることです。どこかの傘下《さんか》に組み入れられるなり、別の職業に就くなりして、自分の居場所を探さなければいけません。古いままで、いつまでも、今の商売を護ろうとしても、護り切れるものではないのです。

『智慧の経営』（187ページ）

『智慧の経営』では、その例として、酒屋や米屋が挙げられています。読者の皆さんも、近所の酒屋や米屋がコンビニに変わった例を目にしていると思います。一国一城の主《あるじ》だったのに、大手の一店長になるのは、抵抗感はあるでしょうし、大変なこともあるでしょう。しかし、潰《つぶ》れるより、よほどよいと思います。こういう生き筋が考えられるかどうかが、経営者の資質としては大切です。

潰れてしまった例として、石炭会社があります。終戦後、まだ栄えていた時から、「これからは石炭エネルギーから石油に切り替わるぞ」と言われていました。本来、主力のエネルギーを石炭が担っているなら、石油会社に衣替えした会社が1社くらいあってもいいはずです。しかし、石炭会社から石油会社に移行できた会社は1社もなく、政府に補償を求める労働運動へと展開していくことになりました。そんな生産性のないことをやっているうちに、日本の石油はやがて海外の「メジャー」（欧米の巨大資本の石油会社）と言われるところに牛耳《ぎゅうじ》られることとなってしまったわけです。

このように、時代の流れが大きく変わっていく時は、産業そのものが消えてなくなることがあります。今がまさに、そういう時代です。

そういう時は、「これまでのままでいい」と考えて古い業態を守ろうとする発想、「親方日の丸」に面倒を見てもらいたいという発想の経営者は、5年後には経営者ではなくなっていると思います。これは怖いことですが、頑張って新しいものに変わっていただきたいと思います。

ここで、ある統計をご紹介します。

2006年版中小企業白書によると、会社の生存率は、3年後で約53%、10年後で約26%です。つまり、10年経《た》つと、100社のうち74社はなくなってしまうのです。しかも、このデータは従業員4人以上の事業所が対象です。個人事業所ベースでは、3年後で約38％、10年後で約12％です。100社のうち生き残れるのはわずか12社です。

時代の波をしっかり読み、古いものにしがみつくばかりではなく、業態転換をしたり、新しいものを開発したりすることも大事なのです。

勝てなくても、「負けない」ことを考える

危機管理においては、必ずしも勝ちを収められるとは限りません。その場合について、『智慧の経営』では、このような考え方が示されています。

第一に「必勝のパターンを選べ」と述べましたが、第二には、「絶対に負けないパターンを、そのつど選んでいけ」ということです。（中略）

当初の予想とは違ってきたときに、その「濡れ手で粟《あわ》」式の成功の方法は

本当に勝算があるのか、よくよく考えねばなりません。

そうしたときに、不敗の地に立つということが大事なのです。（中略）

勝つことばかりを考えていて、思いもしない状況が出てきたとき、すなわち虚《きょ》を突かれたときには、負けないパターンを取り入れる必要があります。「こうした難局、厳しい状況において、どうしたら、負けないで切り抜けることができるか。どうしたら、この事業を失敗に終わらせずにいけるか。どうしたら、この戦いを敗北に終わらせずに済むか」ということを考えていかねばなりません。

『智慧の経営』（200〜202ページ）

つまり、「これを押さえ込んだら負けはなくなる」ということが、自分の会社では何であるのか、ぜひ考えていただきたいと思います。

例えば、今は金利が安いので、銀行からお金を借りやすくはなっていると思いますが、不敗の地に立つことを考えれば、「銀行に頼り過ぎてはいけない」ということもあります。

インドのミッタル・スチールは世界でトップクラスの製鉄会社ですが、貸し剥《は》がしに遭《あ》って、ベルギーの工場を閉鎖し、３０００人の従業員のうち、多くを解雇せざるをえなくなりました。

もしそういう状況が起きたとしても、負けない戦いを考えていただきたいと思います。

チャンスはつかんでいかないといけないのですが、負けない戦いをしなければなりません。ここが経営の難しいところです。

「大局観」と「小事」を両立させること

クレーム処理と危機管理について、学んできました。

この時の経営者の大切な心構えとして、「大局観と、小事をおろそかにしない態度が大事」（166ページ）と言われています。

クレーム処理は、「小事をおろそかにしない」ということに当たります。危機管理の中には、時代の波を読み取るという「大局観」に当たる部分が含まれています。経営者にとって、クレーム処理と危機管理をしっかり行うということは、結局、「大局観」と「小事」を見る目を両立させるということになります。

それは一見、両立が難しいものですが、それを両立させることが、付加価値を生む要諦《ようてい》でもあります。

「ユニーク・セリング・プロポジション」という言葉があります。「競合する商品との違いを明確にしなければならない」という考え方のことです。略して「USP」とも言いますが、「ウソっぽい《USP》」と覚えていただくと覚えやすいかもしれません（笑）。

簡単に言えば、「商品のセールスポイントは、何なのか」ということです。

このＵＳＰを考える時、「両立が難しいものを両立させる」という考え方を使って付加価値を出すことができます。

売りたい商品やサービスに、何かを新しく付け加えることによって、もう一段、付加価値を加えられないか、考えていただきたいのです。

自社の商品やサービスに付け加えるものとして、「ベネフィット」を考えましょう。ベネフィットは、今、世間で流行っている商品のキーワードです。例えば、「安全な」「安心する」「癒される」「優越感が得られる」「健康になる」「不眠症が解消される」など、いろいろなものがあります。

例えば、携帯ショップであれば、「安全な携帯ショップ」「安心する携帯ショップ」「癒される携帯ショップ」「優越感が得られる携帯ショップ」「健康になる携帯ショップ」「不眠症が解消される携帯ショップ」など、できるようにならないか考えていくと、新たな付加価値が加わった新商品が生まれるかもしれません。

どうか、「智慧の経営」を実践し、大局観と小事を両立させながら、成功をつかんでいただきたいと思います。

第5章

実証精神と合理精神

知っていれば失敗は避けられる

本章では、『智慧の経営』第5章「判断力を高める情報戦略――8つの経営の智慧Ⅲ」で述べられている「実証精神」と「合理精神」について、学んでいきたいと思います。

まず、206ページに、「二十一世紀は、農耕社会や工業社会に代わって情報社会が到来しています」とあります。続けて207ページには、「今後は知識が仕事をする時代が来ます」「知識は非常に大切な元手であり、重要な情報、役に立つ情報は一つでも多く知っておかなければなりません。（中略）仕事に役立つ情報や知識は貪欲に集めていく必要があります」とあります。

これは208ページにあるように、「自分が失敗するようなことは、すでに他人が経験済みであることも多く、それをあらかじめ学んでおけば、失敗せずに済みます」ということなのです。

結局、苦難困難は訪れてくるものですが、本書で再三申し上げているように、そもそも「情報」を知識として知っていれば、失敗せずに済むことがたくさんあるということです。

少し古い本ですが、ジェームズ・オトゥールの『バンガード・マネジメント』の中に、「成功に至る道は無限にある。いくらでも成功する方法はあるのだけれども、失敗に至るパターンは決まっている」という主旨のことが述べられています。成功した人に「どうしたら成功できますか」と聞くと、それぞれにいろいろなことを言うので、一般化することはなかなか困難なのですが、逆に「どうしたら失敗しますか」と聞くと、だいたいパターンは決まっているということがあるのです。

こういう「失敗のパターンを知るためにも、いろいろな情報を集めておく必要がある」ということを冒頭に申し上げておきたいと思います。

タカラに学ぶ「失敗のパターン」

ここで過去の例として、タカラの電気自動車事業参入を考えてみたいと思います。

タカラはもともと、「ベイブレード」や「チョロＱ」などの人気商品を生み出した大手玩具《がんぐ》メーカーでしたが、当時の社長の意向により、玩具としてヒットした「チョロＱ」を電気自動車に仕立てて、電気自動車産業に参入するようになりました。

しかし、この事業は初めこそ評判がよかったものの、やがては多額の負債を抱える原因となってしまいました。その結果、タカラは他社との合併にまで至ってしまったのです。

つまり、「自らの分《ぶん》を超えて事業を多角化し、競争に敗れてしまった」という話です。失敗のパターンとしてはよくある話で珍しいものではありません。

このエピソードのポイントは、電気自動車に参入することで、「競争相手が変わった」ということです。電気自動車自体は、タカラの得意技の周辺という意味では、目の付けどころはよかったように見えます。しかし、電気自動車になると、戦う市場は玩具ではなく、トヨタや日産、三菱、ホンダなどの自動車業界です。日本が世界に誇るメーカーが並ぶ市場です。その脅威を見落としていたように思います。タカラとトヨタや日産などでは、企業の大きさに大人と子供のような差がありますし、開発コストにも雲泥《うんでい》の差があります。役所への許認可事項にも初めて挑戦しなくてはならず、右も左も分からないという点で、いろいろな障害にぶつかり、失敗してしまったのです。

傍《はた》から見れば、経営の勉強が不足していたのではないかと言いたくなります。もし、あらかじめ、「競争相手が変わる」ということを勉強して知っていれば、この失敗は未然に防げたかもしれません。その意味で、失敗の原因は情報不足、勉強不足と言えるのではないかと思うのです。

『智慧の経営』には、こうあります。

「勝ちたい」という欲望が起きたときに、いろいろとやりすぎて失敗することはよくあるので、「勝ちたい」と思うときにこそ、むしろ、能力の限界を知り、絞り込んで、勝つ方法を考えなくてはいけません。

局所的な戦いにおいては、奇襲戦法などの戦い方を知っておく必要があります。

ただ、人生全体の流れから見ると、やはり、「勝つべきは勝ち、負けるべきは負ける」という大きな流れがあることを知っていなければいけません。

その意味で、「最終的には実力の範囲内で戦う」という考え方をしなければいけないのです。

『智慧の経営』（250～251ページ）

「決して失敗ができない」というのが経営なのであり、その意味では常に真剣勝負の世界なのです。タカラに関しては、「勝ちたい」という思いが高じて、「実力の範囲内で戦う」という観点が欠落していたように見えます。

同業者から学び尽くす

失敗を防ぐために情報が大事であることを述べましたが、当然、成功するためにも情報は必要となります。『智慧の経営』では、成功のヒントを得るための視点として、次の3点が示されています。

同業者のなかに、自分の企業よりも大きいところがあれば、そこはなぜ大きくなったのかを、徹底的に研究しなければいけません。

『智慧の経営』（241ページ）

「なぜ成功したのか」という成功の要因を研究せよということです。自社よりもひと回り大きな会社、次のステップに当たるような会社の成功要因を徹底的に研究し、参考になる点は〝盗んでしまう〟ということです。これがまず第一番目に大切なことです。

同業者のなかには、失敗したところが必ずあるはずなので、「その会社は、なぜ失敗したのか」についても徹底的に研究することです。

『智慧の経営』（242ページ）

先ほどの反対で、「同業他社の中に、鳴かず飛ばずで経営に失敗している会社があったならば、それを研究してみる」ということです。経営に失敗している会社を第三者の視点で見ると、やはりそれ相応の原因が見当たるものです。そして、そういうところを研究して、もし自社にも同じような傾向があるならば、その改善に取り組むのです。反面教師にし、真似しないようにするということが2点目に大切なことです。

両者の中間になりますが、「この企業は、ここまでは発展したが、あとは発展していない。それはなぜか。この企業のボトルネックは何か」ということを研究することも必要です。

『智慧の経営』（242～243ページ）

3点目は、少し高度ですが、同業他社のボトルネックを見抜くことができれば、それを自社の発展に生かすことができるということです。他社に関して、もし「売上が1割以上増えない原因は組織ができていないからではないか」などと当たりをつけることができたならば、それを自社の問題に当てはめて改善を重ねれば、さらに発展できるということです。

人材の養成は会社発展の要《かなめ》

例えば、小さな会社はどこも利益を上げようと一生懸命に商品をPRしますが、顧客が増え始めると、仕事も増えるので、やがては他の人を雇い、組織をつくらなければならなくなります。この段階がボトルネックになることが多く、組織をつくれなければ、品質にその影響が及ぶことになります。これは前に述べたとおりです。その時に、値上げや販売量調整によって顧客を制限すれば、人手を増やさずに品質を保つことができますが、それを行った場合、会社のそれ以上の成長は望めません。

やはり、会社を発展させていくには「人を育てる」ということが重要になるのです。経営者は、自分の代わりに経営判断ができる人を増やさない限り、会社を大きくすることはできないのです。

これは、今日では大企業となっているユニクロも過去に経験していることです。ユニクロの社長の柳井正《やないただし》氏は山口県宇部《うべ》市の小さな衣料品店から世界に冠たる企業をつくった人ですが、ちょうど売上が1000億円くらいになった頃に成長が頭打ちになったことがあります。その当時は柳井氏自らが全国の支店を回り、自分の考えている店づくりを徹底していました。仕入も自分自身でコントロールしていたので、結局、柳井氏一人でできることが限界に達すると売上も1000億円で頭打ちになってしまったのです。そこでやり方を変え、全部、自分一人で決めていたのを役員会で決めることにし、さらに各店の仕入にある程度の自由裁量を与えたところ、売上も突き抜けて伸びていくことができました。

やはり、どんなに優秀な人であっても、人間ひとりにできることというのは限られていますので、人材の養成と組織づくりというのは、企業の発展において欠かすことのできない成長材料となるのです。

とかく、企業にとって最も勉強となるのは、自分の会社の「一歩前を行っている会社」を研究することです。その意味では、経営者の書いた本を読むことなども大切です。実は経営者は成功した本当の理由の部分に関しては、隠すことが多いのですが、中には〝砂金〟が含まれているものもありますので、重要な情報源には相違ありません。また、逆に、倒産した社長の著書などには本音が多いので、失敗する理由の研究には参考になることが多いでしょう。

人を育てる鍵とは

世の企業の大部分は小さな会社ですが、それらの多くは年商1億円の壁を超えられずにいます。この1億の壁を突破する鍵として私が推奨するのも、実は「人を育てる」ということなのです。

人を育てるための鍵は二つあります。

一つは高付加価値商品を発明するということです。これは一見、人を育てることは関係がないように思われますが、人を育てられない原因は、そもそも「人を雇う」余裕がないからです。なぜ、人を雇えないかというと、競争相手が多く薄利多売《はくりたばい》をしていることが多いからでしょう。利益がなければ、人に投資する余裕は当然なくなります。

利益を出すには値上げをすればよいのですが、競争相手が多い市場では、何か特長や創意工夫がなければ、値段を上げても顧客はついてきません。

従って、差別化にもとづいた高付加価値商品を編み出さなくてはならないのです。まったく新しいものを発明するのは大変ですが、今の商品に付加価値をつけて出す工夫が必要です。

また、アイデアは出し続けないといけません。真似されやすいものだと、すぐに他社にも追随されることになりますから、考え続けないといけないのです。これが小さな会社から脱出していくための一つのポイントです。

人材の不足は組織で共有する

二つ目のポイントとして「人材の不足を組織で共有する」ということを挙げたいと思います。人材の不足を自覚したならば、それを会社の仲間に共有してみてください。「今、○○の担当者がいません」「こういう人が欲しい」ということを表明していただきたいのです。こうしておけば、課題が共有され、それが全従業員の意識に浸透しますので、求めている人が見つかりやすくなります。また、「自らがそれを務めるにふさわしい人間に成長しよう」と努力する人が内部から現れてくる場合もあります。

自分の会社が人材不足かどうかを判定するには、仕事ベースの組織図をつくるという方法があります。これは第4章の危機管理でも採り上げた方法です。

開発、マネージャー、営業など、会社の中で必要とされる仕事を列挙して、そこに担当者の名前を入れるのです。その際、形式的ではなく、「実質的に誰が担っているのか」という視点でつくることが大切です。もし実際に自分がやっていれば、自分の名前を入れます。その結果、そこにあまりに自分の名前が多く登場するようであれば、それは先ほどの柳井氏の例のように自分の能力が会社の成長の限界となっている可能性が高いので、改善しなくてはならないということが分かります。そういう組織図をつくるという方法が有効です。

私の知っている運送会社は、従業員10人程度の規模でしたが、これによって10年ほどで従業員300人近くまで大きくなりました。

情報収集を習慣化せよ

情報収集について、『智慧の経営』では、次のように述べられています。

「アンテナの張り方を上手にしておくと、『ほかの人には見えない部分』が見えてくることもある」ということを言っておきたいと思います。

『智慧の経営』（218ページ）

また、次のようにも説かれています。

ときどきは街に出て、景気動向を自分の目で確かめることが大切です。（中略）

要するに、情報は、努力して取らなければならないものなのです。そのためには、かなりの情報処理技術も持っていなければなりません。

できれば、「方針や方向が異なる複数筋の情報」を比べてみる癖をつけたほうがよいと思います。

『智慧の経営』（220〜221ページ）

情報収集を怠る経営者は次第にワンパターンに陥り、失敗してしまう可能性があります。

ただ、情報を取ると言っても、成果につながらない情報収集には気をつけなければなりません。常に成果を意識して、あくまでも成果に役立つ情報の収集ということを心がける必要があります。大川総裁が法話の中でよく映画の例を出されるからといって、社業とは関係ないにも関わらず、「毎日、社長が映画を見ています」ということでは困ります。

そして継続的な情報収集を生活習慣の中に織り込んでいくことが大切です。例えば、日本経済新聞も気の向いた時に読むだけでは不十分で、習慣化し、毎日読むことが重要になります。継続的に読み続け、習慣化させると、経済が〝定点観測〟できるようになるのです。つまり、変化が分かるようになります。最低でも、プロとして業界紙くらいはしっかりと継続して読む必要があるでしょう。

効果的な情報収集とは

例えば、弁当のほっかほっか亭の創業に参加した後、フレッシュネスバーガーというハンバーガーショップを創業した栗原幹雄氏は、仕事が終わって自宅に帰ると、DVDで映画を毎日3本観るそうです。3倍速で見ていると言っていますが、彼はそれを10年以上続け、作品中のファッションやインテリアから、アイデアの元手を得ているのです。しかも、そのアイデアに基づいてつくった店はすごく繁盛しています。情報を集め、古今東西の映画を見て、そこに出ていたものを現代的に焼き直しているのです。このように、他人からは奇跡と思われるような実績であっても、日頃の情報収集がその下支えをしているというケースは数多いのです。

また、情報収集の際には方針が異なる、複数のメディアを比較しながら複眼的に収集するようにすると、より効果的です。

例えば、新聞でも産経と朝日では、報道の方針や主張が全然違いますし、ウォール・ストリート・ジャーナルなどの海外メディアには日本のメディアだけでは得られない情報がたくさん出てきます。ウクライナでのマレーシア航空機撃墜事件についても、日本の新聞には「ロシア軍か、親ロシア派の仕業《しわざ》」とありますが、ウォール・ストリート・ジャーナルには「ロシア派と親ロシア軍には、その動機がない」「撃墜するとしたら、ウクライナ軍である」と書いてあるのです。真相は分かりませんが、日本は左翼的報道傾向が強く、ワンパターンになりがちですが、外国のメディアは多面的です。

情報のない人には智慧は出ません。智慧が出ないと、会社は停滞します。

「魚は頭から腐る」と言われるように、会社が潰《つぶ》れるときは、たいていトップから腐っていきます。いちばん腐敗しやすいのがトップなのです。

『智慧の経営』(42ページ)

「トップが腐る」とは、必ずしも不正や経費の公私混同という意味だけではありません。実はトップが腐りやすいのは「情報」の部分なのです。情報が古くなって腐ってくると、智慧が出てこないので会社が停滞してしまいます。従って、「他の優れた会社はどうしているのか」「世間は今、何を求めているのか」など、いつも新しい情報を取り入れていかなくてはならないのです。

また、これはサラリーマンにとっての「生き残り戦略」そのものでもあります。知っている情報が新しく、大量であれば、経営者は重宝《ちょうほう》すること間違いなしです。

組織の長に求められる帝王学とは

情報には、耳に痛いものもあります。

帝王学を身につけるためには、やはり、諫言《かんげん》をしてくれる人、要するに、耳に痛いことを言って諫《いさ》めてくれる人が側にいなければいけないのです。

そういう人を持つためには、あまり早く出来上がってしまわないこと、すなわち、我《が》が固まった状態にならないことが大事です。

『智慧の経営』（227ページ）

「帝王学」というと、自分はその対象ではないと思うかもしれませんが、経営者をはじめ、部門長など組織のリーダーであれば、誰にでも必要な能力だと言えると思います。

すべてを自分で決め、部下の諫言を受け入れないような上司に対しては、部下はやがて諫めることをしなくなります。耳に痛いことを言ってくれる人がいなくなると、トップは参謀を失い、人心が離れることになります。そうなると、先述の「人を育てる」という観点からも、組織の行く末が危うくなることは明らかです。

社長の周りがイエスマンばかりで固まったら、「会社が危ない」と思ってください。その場合には、悪い情報がほとんど上がってこなくなります。

『智慧の経営』（228ページ）

むしろ、「悪い情報」ほど、自分の耳に入ってくるようにしなくてはいけないということです。

意識して、「自分よりも立場が下の者の意見を斟酌《しんしゃく》する度量を持とう」と努力してください。そうでなければ、多くの人を率いていく人にはなれないのです。

参謀養成の3カ条

諫言について参謀の話が少し出たので、参謀を養成するためのポイントを3点に絞って紹介します。

1点目は、「悪い情報ほどすぐに報告することを、部下に教育すること」です。「バッドニュースを上に上げることが一番大事なのだ」ということを徹底して言い続けなければいけません。

2点目は、「社長などの組織の長がいつも機嫌よくいること」です。機嫌が悪そうな上司には部下はなかなか報告がしづらいものなので、部下への教育に加え、自分自身も相手が報告しやすくなるように努めることが大切です。「いつもニコニコしていられるか！」という社長もおられるかもしれませんが、だからこそ宗教修行が大切になってくるのです。心の平安を常に求め続け、神に不安な気持ちを預けることが大切な心がけでしょう。

3点目は、「報告してきた人を評価してあげること」です。織田信長は、桶狭間《おけはざま》の戦いにおいて今川義元《よしもと》が休息している場所の情報をもたらした者を軍功第一としました。この場合はよい情報の報告ですが、組織にとって貴重な情報をもたらす人がいることは重要なことなのです。従って、悪い情報を報告してきた人を評価する心がけを忘れないことです。

また、悪い情報ほど早く世間に広まるという性質があります。悪い情報はよい情報の10倍も早く広がると言われています。

一方では、「一つクレームがあると、その背後には同じように思っている人が30人はいる」とも言われています。つまり、これを裏返せば、そのクレームを改善することで、「30倍の新しい顧客を獲得することができる可能性がある」ということなのです。クレームをいたずらに恐れるだけでなく、宝の山なのだと考え、真《しん》摯《し》に対処することを心がけていただきたいと思います。

いずれにしても、組織の長であるならば、イエスマンばかりを自分の周りに置かないようにすることが大切です。

正しいお金の使い方とは

お金の使い方の「検証」も大切です。

お金を儲《もう》けることは非常に大事なことであり、普通のサラリーマンには、それさえもできないのですが、しかし、儲けることよりも、さらに難しいのは、「お金を使うこと」なのです。

『智慧の経営』（232ページ）

お金の使い方に関してはあの松下幸之助も「お金を使うほうが3倍難しい」と考えていました。その理由として、大川総裁は、「お金の使い方については効果の測定が必要だからです」（『智慧の経営』234ページ）と述べています。

投資がどれくらいの利益で還《かえ》ってきたのかを見極めなくてはならないということです。『智慧の経営』では、続いてこう指摘しています。

複数の目で、さまざまな角度から見ることが必要であり、単に衝動的に「使いたい」というだけでは済まないのです。

『智慧の経営』（234～235ページ）

さらに、次のような指摘もあります。

お金の使い方を教えてくれる学問は世の中にはありません。これは、自分で体得する以外に方法はないのです。

『智慧の経営』（235ページ）

非常に厳しい話ですが、お金の使い方を間違えると、会社は倒産します。にも関わらず、これを教えてくれる学問はないということです。

ただ、一つの手がかりとして、お金の使い方に関する要点を二つほど紹介します。

1点目は、「長期的な構想で効果の大きいものに投資すること」です。長期的な構想を持ち、「効果の高い投資先とは何か」を考えるのです。

経営者自身の自己投資についても同じことが言えます。経営者は常に新しい知識を勉強しない限り、生き残れませんから、長い目で見て、将来的に役に立つような知識を学ぶための書籍の購入代金や講演会や研修への参加などは、効果的な投資に値するので、お金を惜しむべきではありません。

2点目は、「『未来の人々のために』という視点でお金を使う」ということです。お金を使う時には「自分が喜ぶだけなのか、それとも世の中の人や未来の人々が喜ぶものなのか」ということを考えるのです。

ロックフェラーやカーネギーは、大学などの教育事業に多額の寄付を行いましたが、その結果、優秀な人材が大量に輩出され、学問も進歩して世界が豊かになりました。もし投資に迷ったならば、「長期的な目で見てリターンが得られるかどうか」と、「未来の人々からどの投資がより感謝していただけるか」を考えてみてください。

以上、経営判断をする上で必要となる「実証精神」や「合理精神」について、「知っていること」がいかに大事かということを述べてきました。

経営で成功するには、大きな理想を掲げて、思いの力で事業を推進していくことが大事ですが、きちんと正しい情報を集め、他社の成功や失敗から学び、現実を見据《みす》えて、経営判断していくことが大事だということです。

第6章

顧客ニーズ把握とマーケット・セグメンテーション

経営を大きくする「マーケティング」という仕掛け

「マネジメントの父」と称されたドラッカーは、「マーケティングとは、販売ではない。むしろ、販売を不要にするものである」と、定義しています。また、現代マーケティングの第一人者と呼ばれるフィリップ・コトラーは、「マーケティングを最も短い言葉で定義すれば『ニーズに応えて利益を上げること』となろう」と述べています。

では、実際のところ、マーケティングとは一体、いかなるものなのでしょうか。ここからは、マーケティング理論の中でも一番の中核となる、「顧客のニーズ把握」と「マーケット・セグメンテーション」について、詳しく学んでいきましょう。

商売というものは、足し算引き算で考えることができます。売上マイナス経費、イコール利益。経営者としては当然、常にこの式が頭にあるわけです。しかし、今の時代に、これまでと同じ人材、人員、時間をつぎ込んでも、同じような成果を上げていくことは難しいでしょう。むしろ、そのやり方が通用しなくなっていることを、実感している方も少なくないと思います。

そこで、発想を変えていかなければなりません。仮に、あなたが朝から晩まで10時間働き、毎月、100万円の売上を上げる店の経営者だとします。その売上を得るための10時間を、半分にすることはできないか、と検討してみてください。そうすれば、余った時間で、例えば、新しい商品を始めたり、お得意様や新規顧客を獲得したりすることができるのです。

この「新しい仕事」というのは、今の仕事の範疇《はんちゅう》から発想したもので構いません。しかし、今の仕事のレベルは維持しながら、投入していた人材や時間を減らし、付加価値を上げていくのです。それを実現するためには、それ相応の創意工夫が必要でしょう。そうした努力を重ねていくことで、昨年よりは今年、今年よりは来年というように、経営を大きくしていっていただきたいのです。「マーケティング」とは、その仕掛けに当たるものと言えるでしょう。

「売れない物」の代表例

では、「顧客のニーズ把握」について、どう考えていくべきか。『智慧《ちえ》の経営』には、こうあります。

「学者は、シーズ、種子を求めている」とよく言われます。（中略）「経営者は、シーズ、種子では駄目《だめ》だ」とよく言われます。必要なのはニーズ、需要であって、シーズ、種子ではないのです。「何を求められているか」ということです。経営者は、それに対する答えを出さなければいけないのです。

『智慧の経営』（２５４～２５５ページ）

自分はシーズ志向なのか、それとも、ニーズ志向なのか。それは、お客様の来訪率と売上を見れば、すぐに分かることです。

本当は、会社の生命線を握っているのは顧客であり、「お客様が商品を買えば会社が発展し、買わなければ潰《つぶ》れる」という、とても単純なことなのです。顧客は無言のうちに取引を打ち切ってきます。会社にとってはつらいことですが、その商品を買わないだけです。

『智慧の経営』（271ページ）

売上が伸び悩み、顧客の足も遠のいている現実がある、というのなら、自分はシーズ志向に分類される人間かもしれないと理解するべきでしょう。

例えば、町で花屋を営んでいる人が、そろそろお盆なので、アレンジを加えた菊を店頭に並べてみた。若い層に受けると思ったのに、まったく動きがない――。

こうしたケースは、シーズ志向によるものと言えます。こちらの提案がうまくお客様のニーズに合致すればよいのですが、そうでなければ当然、顧客は、「商品を買わないだけ」なのです。

「お客様のために、こんなに素敵なお花を用意しました」ということではなく、「今、お客様が欲しいものは何か」「困っていることはないか」と、〝顧客の立場に立って〟発想することが大事です。経営側が、いくらよい物だと思ったところで、売れない物は売れないのです。

では、具体的に「売れない物」とはどういうものなのでしょう。さまざまなケースがありますが、代表的な物が三つあります。

一つは、「すでに時代遅れになってしまった物」です。これは、どんなに頑張ってみたところで、売れません。「一生懸命研究して、高性能の真空管をつくりました！」と叫んだところで、今時、需要などないでしょう。時代に合わなくなってしまった物が売れることはまずありません。

二つ目は、「すでに世間に出回っていて、非常にありふれている物やサービス」です。付加価値の低い、誰にでもつくれるような物は、海外を含めて競争相手がたくさんいますから、そのまま何の工夫もなく販売したところで、売れることはないでしょう。

以前、ある電気設備会社の経営者から、こんな相談を受けたことがあります。「いつものように得意先に見積もりを出したら、別の業者のほうが安い、と言ってきた。『では、さらに値引きする』と答えてことなきを得たが、このような仕事はやればやるほど赤字だ」と。これなどは、競合相手が多過ぎて行き詰まっていく、典型的な例でしょう。

このケースでは、打開策を探って伝票を遡《さかのぼ》ってみたところ、一つの発見がありました。いつもの業務とは別に、ときどき、駐車場に照明を設置する仕事を請け負っていることが分かったのです。当時、近隣に出没していた車上荒らし対策として増えていた依頼でした。

その発見を糸口に、「駐車場照明の専門家」という新たな看板を掲げて営業したところ、これが当たって、それまで収支トントンだった経営が、ようやく軌道に乗り始めました。

まだまだ課題もありますが、こうした創意工夫をいかに続けていくのかを、経営者は毎日真剣に考え続けていかなければなりません。

競合相手が多いという意味では、開業医や弁護士も、苦戦を強いられる時代になりました。特に弁護士は、司法試験に受かりやすくなるような制度が一時できたことで、以前に比べて弁護士の数が多くなり、一人当たりの値打ちは下がったと言えます。これから日本が訴訟社会になるとは考えにくいので、何らかの付加価値が必要になってくるでしょう。

三つ目は、インターネット上での安売りに負けていく物です。例えば、薬局です。ネット上で薬が買えるようになったことで、売上が激減しているところが増えています。

最初は来店して、薬剤師から必要な薬の用法や、用量を詳しく聞き込んだお客様が、次回以降からは、もっと安いインターネット上の店で、同じ薬を買うというのです。従来の販売方法だけでやっている薬局にとっては死活問題でしょう。

同じような話は、家電製品販売にもあります。商品の型番さえ分かれば、日本全国どこからでも、一番安い物を購入できるのですから、量販店は、もはや、ショールーム化しているとさえ言われています。

しかし、これに対抗する企業も出てきました。ヤマダ電機は、ネット上の販売価格の一番安値のところよりも、さらに安値をつけると宣言した上、その商品を宅配、設置するというのです。

これは、一つのチャレンジであり、新しいビジネスモデルを構築しようとしているのだろうと思います。「ネットで購入するより安い」という広告文句で集客し、薄利多売《はくりたばい》で回転する。しかも、それを地域の人に宅配することで、販路をつくっていくわけです。

販路開拓によって、顧客の顔を知り、人となりを知り、家族構成を知ることは、次のリフォームの仕事や自動車の販売などの高付加価値の商売につなげていくための、「重要な財産になる」と考えているのだろうと思います。さらに、その宅配機能が広がってネットワークになれば、運送会社と連携して、その地域の宅配ビジネスの下請業を行うことも可能でしょう。

そこまで考えてはいないかもしれませんが、こうしたピンチも、工夫次第でビジネスチャンスに変えていける可能性があるという一例です。

時間を短縮する奇跡

『智慧の経営』に、以下の言葉があります。

経営者はよく勉強すると共に、日々の仕事のなかで、「経営における悟り」

とでもいうべき発見を積み重ねて、新しい方法を完成させなくてはなりません。経営とは日々の発見であり、その積み重ねです。別の言葉で言えば、発明の連続なのです。（中略）

小さな会社の経営において、経営者がまず考えなければならないのは、単刀直入に言えば、〝メシの種〟を探すことです。

『智慧の経営』（258～259ページ）

どうすれば、もっと手短に、もっと少ない人員で、もっとコストを下げて仕事ができるのか。そして、新しいメシの種とはどんな物なのか。経営者は、こうしたことを、常に考え続けなければいけません。

『智慧の経営』には、「メシの種」を考える際のポイントが記されています。

お客様中心の考え方に変えなければいけません。基本的に、お客様が喜ぶものを中心に考えていくことが大事であり、古くなった商品は捨てるぐらいの気持ちがなければ駄目なのです。それが正しい判断なのです。

『智慧の経営』２６６～２６７ページ

つまり、いかに「シーズ志向」に陥らず、顧客の立場に立って考え続け、新しいことを発見していけるのかということです。そのためには、情報の獲得も欠かせません。いち早く世間や業界の流れを察知し、自分の仕事には、どんな影響が及んでくるのか、見極める目を養っていく必要があります。

ただし、無闇に情報を集めて、自分ひとりの頭でいくら考えたところで、限界はあるでしょう。そうした時は、幸福の科学の精舎《しょうじゃ》や支部で行われている研修を活用してください。実際、「世のため人のために発展したい」と40代半ばで発心《ほっしん》し、精舎で経営者研修を受講された方が、8年で23店舗、20数億円の売上を上げたという事例もあります。

自分の年齢に8を足してみてください。この方を例に取るならば、あなたも工夫次第で、その年齢には、20数億円の会社のオーナーになれる可能性があるということです。

徹底した顧客第一主義

お客様中心の考え方を、企業理念の中心に据《す》え、成功した会社を二つご紹介しましょう。

一つは、長野にある中央タクシーという会社です。テレビのドキュメンタリー番組などでも採り上げられ、全国的に有名になりました。業界の多くが赤字経営に苦しむ中にあって、県内ではずっとトップクラスの業績を誇り、さらに売上を伸ばし続けているそうです。

この会社の特徴は、顧客の9割が予約客という特殊な営業形態にあります。駅前での客待ちはせず、流しで捕まえることも、ほとんどできません。しかし、このタクシー会社でなければ乗りたくないという厚いファン層を抱えているのです。

その秘密は、「お客様が先、利益は後」という、圧倒的な顧客第一主義にあります。お客様のご要望であれば、300メートル先の病院に送迎することも厭《いと》わず、必要であれば、介護の資格を持つ社員が車椅子の介助もして差し上げる。嫌な顔一つ見せず、その分のサービス料を取ることもしません。

長野オリンピックの際は、同業者がかき入れ時だとばかり、すべてを予約で埋める中で、「いつものお客様」である地域住民に配慮し、オリンピック関係者の予約は一切入れず、通常業務を行いました。それは、「病院や買い物に行く、おじいちゃん、おばあちゃんの足がなくなっては困るだろう」という社員のひと言を受けた社長の決断でした。もちろん、オリンピック期間中の売上は、県内最下位になったそうですが、その後はずっと右肩上がりで成長を続けています。

また、「タクシーで行く旅」という企画を立てた際には、トイレや歩道のチェックまで細かく行い、高齢者が安心して楽しめるよう心を砕《くだ》いていました。

驚くべきは、こうしたことを、社員一人ひとりが、誰に強制されるでもなく、自主的に行っているという点にあります。相手の立場に立ち、さまざまなシチュエーションを想定して、企画を練っていく。こうした努力が隠し味となって、人気になっているのだと思います。

やはり、社長一人の力ではないのです。ワンマン社長が、自ら接客して成功したとしても、やがて、社長の限界が、会社の発展の限界となることでしょう。多くの人の力を引き出して、使って成果を出してこその経営なのです。

もう一つは、石川県にある加賀屋という人気旅館経営の事例です。この旅館の「お客様第一」という経営姿勢は、決して「できない」と言わないところに表れています。お客様に対して、「できません」「ありません」とは、絶対に言わないそうです。お客様が、「富山の酒が飲みたい」と言えば、そのままタクシーを飛ばして買いに行く。細かい要望にもさりげなく応え、玄関で身長を申告したわけでもないのに、客室には、お客様の背丈にぴったり合った、浴衣《ゆかた》が用意されているのです。

こうした行き届いた心遣《づか》いが評判を呼び、また、新しいお客様を呼び込んでくることにつながるのでしょう。

経営と宗教修行

では、顧客ニーズをつかんでいくために、まず何をすべきなのか。『智慧の経営』では、以下のように説かれています。

商売が繁盛し、利益が大きくなるようにしたければ、人に感動を与えることが大切です。これが、業界や業種を問わず、社長から末端の従業員、あるいはパートの人に至るまで、どのような立場の人にも通じる、商売繁盛のコツなのです。

『智慧の経営』274ページ

シーズ志向の人は、この「お客様に感動を与える」ということができません。顧客の心が読めず、逆に不要なものを押しつけているのです。

ここにおいて、実は経営というものが、宗教修行と一致するものだと気づかされます。経営者が、心の窓を開《ひら》いて阿羅漢《あらかん》の心境（注）に達すれば、相手の心が手に取るように分かるのですから、非常に便利なわけです。

そうは言っても、一朝一夕《いっちょういっせき》に、そんな心境に達することができるものではありません。「反省、瞑想、祈り」という心の修行の王道を、何十年も続ければ、あるいは、達することもできるかもしれませんが、そう易々《やすやす》となれるものではないでしょう。では、どうするのか。簡単な方法があります。

それは、「お客様を愛する」ことです。母親が、腕の中で泣く赤ん坊の要求に的確に応えるが如く、顧客の要望を察知するのです。ニーズ志向の根本では、この、他人への「愛の思い」の有無が問われてきます。

そうなると、もう一歩踏み込んで、ぜひとも知りたいことでしょう。「相手の立場に立つ、あるいは愛するということは分かった。じゃあ実際、それは何をどうすることなのか。どうしたら、お客様を感動させられるのか」と。

その答えは、「考え続ける」という、その一点にあります。お金をかけずに相手を感動させる方法を、練りに練って、考え続けていただきたいのです。

大分県に、あるたこ焼き店があります。そのお店では、お客様に喜ばれる企画を編み出すことを、非常に重視していたそうです。そのため、当初は昼夜営業だったにも関わらず、昼はミーティングの時間として固定し、徹底的に企画を練ることに専念しました。

たこ焼きで誕生会、という企画が立ち上がれば、場を盛り上げる着ぐるみを登場させ、楽器のできる従業員が生演奏を行い、たこ焼きには、マヨネーズでメッセージを書き込む。喜ぶお客様の反応を励みに、さらに新たな企画が、次々と生み出されていきました。また、その様子がフェイスブックにアップされたり、ツイッターで拡散されたりしたことで話題となり、そのお店は、またたく間に繁盛店へと成長を遂げていったのです。

こうした、ソーシャルネットワークを使うことによる波及効果についても、今後は考えていくべきですが、その前に、社員が一丸となって「お客様のために考え続けた時間」があったということを、知っていただきたいと思います。

従業員全員で智慧を絞る

また、お客様に感動を与え続けていくには、その期待値以上のものを、常に用意することも考えなければいけません。今日来たお客様を感動させられたとしても、2回目、3回目ともなると、どうでしょうか。

お客様に飽きられない工夫をしている企業といえば、あのディズニーランドが有名です。毎年、何百億円も投入して、たびたびアトラクションを変え、新しいものをつくり出しています。それはお客様に、繰り返し感動してもらうための仕掛けなのです。

中小企業が、同じような規模でお客様に感動を与えようとしても、それほど費用はかけられません。だからこそ、毎回毎回の工夫が必要なのです。新しい発明をしていくというその姿勢においては、たとえ大手企業相手でも、絶対に引けを取らない気概を持ってください。その思いが必ず力になります。

それから、ぜひ付け加えておきたいのですが、これまで事例に挙げてきた企業や店舗には、ある共通している点があります。それは、経営者と従業員の人間関係が、とても良好だということです。

一般的に言って、活気ある会社では、社長が「目標や理想に向かって全社一丸！」と号令をかけ、それに応えて売上を上げる社員が出世、そうでない社員は切り捨てられる、といった風潮がありました。今でもあるでしょう。そうした経営方針が、すべて否定されるものではありません。しかし、実はこうした猛烈社員養成型の会社の業績が、今、極端に悪くなってきています。

会議で上司が鞭《むち》をふるって叱咤激励《しったげきれい》しても、誰も動かない。鼻先に報奨金をぶら下げても、反応が鈍い。「価値観が多様化している」「若い人の根性がなくなった」「教育が悪い」など、理由はいくらでも並べられるでしょう。しかし、そうではなくて、まず、従業員やその会社で働いている人が幸せであるかどうかが、問われるような時代になってきたのだと思います。

その仕事をしている社長や社員は、果たして幸福なのか。自社製品を愛し、自社のサービスに感動している社員が一人もいないのに、その人たちがサービス側に回ることなどできないでしょう。

経営者であるなら、どうか、社員とのコミュニケーションを大切にしてほしいと思います。社長には、仕事に対する理念や素晴らしさを、社員に繰り返し伝える義務があると思います。社長が何を考え、どう実現しようとしているのか。夢や理想を語り込んでほしいのです。一人ひとりが無理であるならば朝礼でも結構ですし、全員を集めた集会や会議などで語ればいいと思います。そして、その上で、社長が営業目標を伝えた時に、最初に「無理です」という反応が聞こえてくるようでは、困ります。

新しい経営戦略を聞いて、「それはスゴい」「やってみたい」と、社員が積極的に思えるかどうか。そうなれば、一回一回の会議の内容も変わっていきます。社長一人の頭で考えるより、従業員全員で智慧を絞れば、より素晴らしいアイデアが生まれる可能性は高くなるに違いありません。

『智慧の経営』には、こうあります。

もう一歩を踏み出したサービスは、やはり、個人の心から出てくるものなのです。（中略）

顧客に感動を与えるために必要なものは何であるかというと、言い古された言葉ではありますが、やはり「情熱」です。

『智慧の経営』（282〜284ページ）

「発展させたい！」「成功するんだ！」という、青くさいほどの思い。会社を発展させ、社会に貢献していきたいという火の玉のような情熱。その熱意を、社員と共有していくことは、経営者の心構えとして、基本だと思います。

「ランチェスターの法則」を生かした経営戦略

「マーケット・セグメンテーション」については、どう考えていくべきなのでしょうか。『智慧の経営』には、こうあります。

自分の組織の強みは何であるのかを考えて、強みのところで勝っていき、弱みのところでは、被害を出さないように、上手にやらなければいけません。

『智慧の経営』（297〜298ページ）

弱者の兵法は、基本的に、隙間を狙っていくニッチ型なのです。強者が油断している隙間、強者が手を出さない隙間のところに攻め込んでいく、意表を突く攻め方をしていくのが、弱者の兵法です。

『智慧の経営』（302ページ）

経営セミナーなどではよく事例に挙げられる話ですが、スーパーマーケット大手だったダイエーが、ユニクロに敗れてしまったということがありました。ダイエーの収益の源泉は、主に生鮮食品部門だと思われていましたが、実は、衣料品や雑貨にあったのです。そこへ、低価格を売りにして、ユニクロが参入してきました。

まさに、油断していたところを徹底的に攻められたダイエーが、その後どうなったのかは、ご存知のとおりです。『智慧の経営』にはゼロ戦のたとえが紹介されています。

第二次世界大戦中に使われたものに、「ランチェスター法則」というものがあります。これは航空機の戦いにおける法則です。

日本のゼロ戦は非常に強く、アメリカの戦闘機は、性能ではゼロ戦に勝てませんでした。（中略）

そこで、アメリカがどういうことを考えたかというと、「三対一で戦えば勝てる」ということでした。「いくらゼロ戦が優秀であっても、こちらが三機で向こうが一機であれば、負けることはまずない」ということです。それは当然です。

『智慧の経営』（311ページ）

第二次世界大戦中、当初はゼロ戦が一人勝ちしていました。これに勝てる航空機は、存在しなかったのです。しかし、アメリカ軍は、故障して島に落ちていたゼロ戦を拾いあげ、その機体を解体して徹底的に研究しました。そして、軽い機体、優秀なエンジン、パイロットの操縦技術の卓越さを知ったのです。

ここで司令官は、これに対抗する新型のグラマン戦闘機をつくるよう、命令を下します。当然、ゼロ戦よりも速く飛べて、小回りの利く、さらに軽さを追及した機体になると思うのが普通でしょう。しかし、アメリカの新型グラマンは、巨大なエンジンが二つもつけられ、反転操縦もままならないような、頑丈で重いものでした。この戦闘機と、飛行高度も分かる最新式のレーダーを駆使して、アメリカ軍は、日本軍を追い詰めていきます。

その戦術はこうです。ゼロ戦が攻撃を仕掛けてくるのをレーダーでキャッチするや、上空に新型戦闘機を3機一組で待機させ、迎え撃つのです。そして、ゼロ戦が飛んできたならば、そのはるか上空から1機目のグラマンが突進していき、機銃を打ちながらゼロ戦を狙います。1機目が外しても、2機目、3機目が襲いかかります。従来、ゼロ戦が得意としていたドッグファイト（戦闘機の一対一の戦い）は、アメリカ軍では禁止されていました。しかも、この新型戦闘機は、ゼロ戦の2倍のスピードで飛ぶのです。その逃げ足の速さに、ゼロ戦は追撃することもできず、一方的に撃ち落されていきました。また、丈夫な機体はパイロットの命も守り、次々と優秀な操縦士を失っていく日本軍とは、対照的でした。

この話を現代の商戦に当てはめると、こういうことになります。

つまり、すでに同業他店舗が営業しているところへ、後発が1店舗、何の策もなく進出したところで勝つ見込みはないが、3店舗でいけば、勝てる可能性も出てくるだろうということです。

実際にこの作戦を経営戦略として使っている企業の一つが、セブン&アイ・ホールディングスが展開しているコンビニエンスストア、セブン‐イレブンです。

ある地域に、以前から営業していた小売店があったとします。その店舗の三方を押さえるように、次々とセブン‐イレブンを開店していくのです。皆さんも反対車線側にも、あの曲がり角の向こうにもセブン‐イレブンが開店したなどというケースを、どこかで見かけたこともあるかと思います。これは、ランチェスターの法則を生かした経営戦略なのです。

熟慮を重ねて一点突破

では、逆に、囲まれて負けないようにするには、どうすればよいのでしょうか。

規格型で広がり、シェアを取って大きくなったものに対する戦い方としては、その会社が手を出していないところを攻めることなのです。

これを「セグメンテーション」といいますが、マーケットを区分して、その区分したところを攻めていく必要があります。そうすることによって、新しいニーズを発見・創造し、市場をつくり出すことができるのです。

『智慧の経営』３２０ページ

マーケット・セグメンテーションというものは、つまり、「まだ手のつけられていない層がいるのではないか」と考えていくことです。

例えば、全国展開している塾の基本組織が、支社長、地域統括部長、教務主任、講師、というふうに縦割りの地域組織になっているとします。そこの横串は、小学部、中学部、高等部になるわけです。そこで重点を置くべきは誰なのか。そこを、考えていかなければいけません。

「今月は、あの中学校の保護者を対象にした入塾説明会に力を入れてみよう」「夏休みは、あの地区の小学生を対象に、理科の実験教室を開催しよう」というように、マーケットを細分化して、その地に合ったサービスを提供していくということです。

ここをよく考えて、狙い撃ちにするのです。「まず一点突破、それから全面展開」というのは、弱者の戦略の要諦《ようてい》です。そして、「前回、あの地区で行われた実験教室が大盛況だった」「新規入会者も増えた」というのなら、それを応用して、他でも同じことができないかと、考えを広げていくことです。

この一点突破については、熟慮に熟慮を重ねることです。今の一手が詰《つ》んでしまえば、それで終了ということではなく、「あの手この手」を何重にも繰り出して挑戦していただきたいのです。「必ず突破する」という情熱を持って、その方法をいくつも考え出していく。その考え抜く力が、必ず経営を成功させる武器となっていくと信じていただきたいと思います。

（注）『太陽の法』によれば、阿羅漢とは、「この世的なことで心が揺れず、心がつねに清明《せいめい》で、

自らの守護霊と通じあい、他人の気持ちが手にとるようにわかる段階」(197ページ)を言う。

第7章

智慧ある経営者になるために

「失敗を恐れる自分」からの脱却

これまで、日本各地を回り、数百人の企業経営者の相談に応じてきた結果、私なりに発見したことがあります。それは、ほとんどの人が口では「成功したい」と言いつつ、本音では「失敗したくない」としか思っていないということです。

決断力がなかったり、新しいことを始めることに恐怖心があったりする経営者というのは、この「失敗したくない」というマイナスの遺伝子を、毎日毎日、心に埋め込んでいると言えます。残念ながら、そういう経営者が事業を成功させることは稀でしょう。なぜなら、「成功したい」という思いと、「失敗したくない」という思いは、同じようでいて、まったく正反対のベクトルだからです。

失敗の中から成功をつかみだし、目標を達成するまで、決してあきらめない。「成功者」というのは、そうした考え方を持っている方に与えられる称号です。もちろん、私は失敗を奨励しているわけではありませんが、本当の成功とは、失敗をくぐり抜けてこそ、あるいは失敗を成功の種に変えてこそ、得られるものだと思います。

では、この失敗を恐れる自分から脱却するには、どうすればよいのでしょうか。方法は二つあります。

一つは、「使命感に目覚める」ということです。「このために生まれてきた」と確信を持って言い切れるようになることです。

幸福の科学では、「全人類救済」を人生の目的とし、「仏国土《ぶっこくど》ユートピア建設」を使命として定義していますが、この真実の使命をつかんだ経営者は、本当に強くなります。成功しようが失敗しようが、前進あるのみと心を定め、「人生は一冊の問題集だ」というマインドを持つ。迷いは断ち切られ、怖いものなどなくなっていきます。その上で、全身全霊を込めて、今やれる仕事、今できることをやり抜こうと思っている人に、神様が手を差し伸べないはずがないのです。天の導きは、必ずあります。

もう一つは、「劣等感の克服」です。『The Laws of Wealth（富の法）』には、「自分のための人生」という思いを捨て、「多くの人のために生きよう」と、マインドを切り替えることが、大成していくために必要な考え方だと説かれています。劣等感とは、人間が神の子であること、あるいは、人間の仏性《ぶっしょう》を信じられない、自己中心的な考え方です。自分の過去の失敗や挫折にとらわれ、自分の本当の力を信じることのできない人が持つ心です。過去の失敗を悔やんだり、自分はちっぽけな人間に過ぎないと嘆いたりして、自己限定する心を変えない限り、成功をつかんでいくことは不可能でしょう。このような劣等感をお持ちの経営者にこそ、幸福の科学の研修がお勧めです。「いつもいい線まで行くのに、どうしても成功し切ることができない」と言う方がおられましたら、この「劣等感」が自分にもあるのではないかと疑ってみてください。

神秘の力を活用する

そして、祈りの力を活用することも大切です。

『智慧《ちえ》の経営』には、以下のようにも説かれています。

その人の求め続ける姿勢とも関係がありますが、「祈り」というものもあります。

祈った者には応えが来ますが、祈らない者に応えは来ません。不公平だと思うかもしれませんが、これは事実です。私のように霊的な能力を持つ者には、それがすぐに分かります。祈れば、天使が現れて、助けようとしてくれますが、祈らなければ天使は来ません。彼らも忙しいのです。

『智慧の経営』(325〜326ページ)

さらなる発展を強く願うなら、この祈りの力というものを信じて、実践するべきでしょう。その祈りが、純粋で真剣で、心の底から湧き上がる使命感によるものであれば、高級霊の指導を受けることも、夢ではありません。天使の御光を受け取り、流していける〝光の蛇口《じゃぐち》〟となるべき人を、天は常に探しているのです。『智慧の経営』には、「天上界からのアドバイスを受ける方法」として、次のように述べています。

無私の心で無心に求めていること、つまり、「世のため人のために、やらなければいけない仕事なのだ」と思い、無心に求めていれば、応えが来ますが、我欲を出して、「もう少し贅沢をしたい」「個人的に、いい格好をしたい」などという思いがある場合には、天上界からのアドバイスは来ません。

『智慧の経営』（327〜328ページ）

つまり、心に曇りがあってはいけないのです。

経営者が謙虚であり続けることの難しさは、常日頃から感じます。特に、素直に他人の意見に耳を貸せる人というのは、経験上、本当に少ないものです。客観的な事実にもとづいた適切なアドバイスを受けても、上手に聞いたフリをして終わってしまう。「素晴らしい！」「今度やってみます」と答えながら、自分の考えを押し通し、結果、見事に失敗していく。こういう経営者は、自分の能力が仕事の限界になっているはずです。その限界をぶち破って、もう一段新たな自分を発見していくには、周囲の声に耳を傾ける謙虚さが、重要なポイントになっていくでしょう。

さらに、自分の限界をはるかに超えた成功を、多くの方の幸福のため、なんとしても成し遂げていきたいと願うなら、大いなるものに帰依《きえ》していく姿勢もまた、求められているのだということを知っていただきたいと思います。

さて、「心を清らかにする」ということに、「どうすればいいのか」と困惑する方もおられることでしょう。しかし、それほど難しいことが要求されているわけではありません。毎晩、少しの時間で結構ですから、どうぞ、己《おのれ》の一日を振り返り、心を見つめ直していただきたいということです。

今日一日、「貪《むさぼ》りの心」はなかったか。「貪りの心」とは、努力もしていないのに、欲だけを募らせて「欲しい欲しいと思う心」です。また、不当な怒りの心はなかったか。言葉に出さずとも、心の中で誰かを罵《ののし》るようなことはなかったか。そして、今日一日、何か真理を学んだか。人の言葉から、書籍から、森羅万象《しんらばんしょう》から何を学んだか、考えてみてください。最後に、自分自身が偉くなり過ぎて、ちょっとした成功で「自慢する心」はなかったか。人の意見に、素直に耳を傾けられたのか――。

こうして反省、瞑想、祈りといった信仰生活を確立しつつ、日頃から新たなる智慧を補充していくことです。情報収集の習慣を生活に埋め込んでいくことで、皆さんの経営判断に、高さと深さ、広さが加わっていきます。新しい情報、新しい出来事を、いつも意識してインプットしていく。そうした習慣をつけていただきたいと思います。

「付加価値競争社会」で勝ち抜く

『智慧の経営』の最後は、4ページほどの詩篇で締めくくられています。非常に深い内容となっていますので、ポイントと思われる部分について、やや詳しく解説を加えてみたいと思います。

もし、真に人々の役に立つ仕事をしていて、
自らが富むことなく、いつも経済的危機にあるならば、
智慧が足りないからだろう。

『智慧の経営』（333ページ）

つまり、現状が満足のいかないものであるのは、智慧が足らないからだということです。厳しい言葉ですが、受け止めてください。そして、虚心坦懐《きょしんたんかい》に、智慧を生かした経営に取り組んでいこうとするならば、まずは、「時間を生かしていく」ということを考えていただきたいと思います。発展途上の会社経営者で、これを意識しているという人は、ほとんどいないと言っていいでしょう。

智慧を生かすとは、どういうことであるか。
智慧を生かすとは、時間を生かすということである。

『智慧の経営』（334ページ）

例えば、今日、朝起きてから、今、この時間に至るまで、何に何分使ったかを意識しているという人が、どれほどいるでしょうか。身支度《みじたく》に何分、食事に何分、移動に何分、会議に何分、稟議決裁書に目を通すのに何分、人と会うのに何分――。それを今すぐ、正確に答えることができるでしょうか。

経営学の巨人、ドラッカーに『経営者の条件』という著書があります。その書籍の第一章は、時間の使い方です。経営者たるもの、自分の時間の使い方は、自分で真剣に考えなくてはならない、ということなのでしょう。普段、時間をどう使っているのかを分析することは、非常に重要だと思います。

タイム・イズ・マネーと言いますが、時間を無駄に垂れ流して生きるということは、お金をたくさん垂れ流しているようなものです。仮に、1万円を落としたとしましょう。もちろん、皆さんは拾い上げると思います。しかし、時間は拾うことができません。無為に過ごした時間というのは、ドブに大金を捨て続けていることと同じなのです。

そう考えると、こんなにもったいない話はないと、お分かりいただけることでしょう。だからこそ、全部は拾えなくとも、意識して大切な時間を拾っていっていただきたいのです。そして、その大事なあなたの時間の付加価値を、今日よりは明日と高めていくことに、懸命になってください。これは言葉を換えれば、儲《もう》かっている会社の社長は、そうでない会社の社長より単位時間当たりの付加価値が高いということです。時間の使い方が優れているのです。

世の中には、さまざまな企業があり、かつ、競争しています。売上競争、シェア競争、同地域に同業者が出店し合って熾烈《しれつ》な争いをしています。そういう競争の根本にあるのは、実は、付加価値競争なのです。どの会社が、どのお店が、どの従業員が、お客様にとって付加価値が最も高いのか。その付加価値競争で勝ったところが、中長期的には、必ずマーケットを押さえてきます。

最初は、宣伝力が強かったり、見栄《みば》えがよかったりするだけで、客足がよいこともあるでしょう。しかし、中身のないところが、勝ち続けていくことはできません。最後は、付加価値の高いところが、絶対に勝ち抜いていくものなのです。

そうであるならば、自社製品の「付加価値」を上げ、その元となる自分や社員の持ち時間の付加価値を上げていく努力をしていくのは、当然のことと言えるでしょう。

付加価値を上げる三つのポイント

ここで、付加価値の上げ方について、三つのポイントを指摘しておきたいと思います。

一つは、「マインド」です。「マインド？　それが付加価値？」という反応が聞こえてきそうですが、実は、ここが盲点なのです。情熱、希望、理想、明るい未来。そういうものを含めた意味でのマインドが付加価値を生んでいくということです。

以前、自動車部品工場の経営者に、「マインドが付加価値を生む」という話をしたことがありました。その時、社長は「深く思い当たるところがある」と言って、こんなお話をしてくださったのです。

その会社では、忙しさから工員たちが苛立《いらだ》ち、いがみ合いが続くようなことがあると、不良品の率が上がるというのです。しかも、これは不思議なことではありますが、自動車部品製造としては致命的なことに、製品の保ちさえも悪くなる、ということでした。しかし、反対に皆がよくまとまり、製造目標や納期に向かって気持ちが一つになっているような時は、不良品も少なく、製品の保ちも上がると言います。これは、マインドによって付加価値が向上した非常に分かりやすいケースと言えるでしょう。

社員が前向きになって、未来に対して積極的な思いを持つようになった結果、よい製品ができるようになった。当然、お客様も喜ぶし、物も売れるようになります。同じことをやっていても、それをやる人の心がけ、そこに込める熱意、そうしたもので、まったく違う結果が出てくるということです。

そうしたことを踏まえると、経営理念を一人ひとりの従業員の心に落とし込んでいくということが、非常に大事だと言えるでしょう。部下や従業員に理念教育をして、一人ひとりのマインドをアップさせていくことは、業績に直結していく、ということです。「たくさんのお店の中から、私どものお店を選んでくださってありがとうございます」「この売買を通じて、お客様が幸福になりますように」という愛の思い。こうした気持ちは、人から人へ、必ず伝わります。このマインドの重要性については、社員教育も含め、今一度、見直してみるべきではないでしょうか。

二つ目は、「言葉」です。ＪＲ東海の「そうだ 京都、行こう。」という有名なキャッチコピーがありますが、これで客足が何倍にも伸びたという話があります。京都への旅自体ではなく、発信する言い方やフレーズによって、付加価値が変わったというよい例でしょう。つまり、経営者は、気軽に発しているその言葉や、チラシに書いているいつものキャッチフレーズを磨く必要があるということです。ここを御座《おざ》なりにしたばかりに、他社との競争に敗れていくということは、よくあるのです。

三つ目が、「愛の実践行為」です。これは、とても付加価値の高いものです。例えば、あなたの経営するドラッグストアに、のどを痛めて「のどあめ」を買いに来たお客さんがいたとしましょう。「これが売れ筋ののどあめです」と、商品を渡して終了。それは、本当に顧客の求めている対応だったのでしょうか。

やはり、愛の行為というものは、苦しんでいる人を放っておけないという思いから来るものです。「少しでも早く症状を軽くしてあげよう」「治っていただきたい」という思いがあれば、より適切なアドバイスをして差し上げることも可能でしょう。例えば、「風邪の引き始めなら、漢方薬もいいですよ」とか「ショウガ湯も体が温まりますよ」などとお勧めしてもいいかもしれません。

これらを、マーケティングの世界では、クロス・セリングとか、アップ・セリングという言い方をしますが、もとは、一人ひとりの愛の心なのです。そうした思いから出た具体的な行為が付加価値となり、そして、次のお客様を呼び寄せるということも、十分にあると思います。

付加価値というものは、商品や製品をつくり、そこに新たな機能を加えるということだけではなく、別の形で打ち出すこともできるのです。それが、マインド（意《い》）であり、言葉（口《く》）であり、それから、「与える愛の実践行為（身《しん》）」だということを述べてきました（身・口・意の調和がとれた生活をすることは八正道《はっしょうどう》における「正命《しょうみょう》」に当たると言われています、注）。

経営者自らが実際に動き、顧客の気持ちに寄り添える会社というのは、必ず発展します。そういった企業なり、お店なりは、付加価値が高いので、お客様の再訪する気持ちも高まっていくものなのです。

「智慧の経営」の真骨頂《しんこっちょう》

詩篇の解説に戻ります。

智慧ある者は、時間を掌握《しょうあく》する。
智慧ある者は、時間を自由自在に駆使する。
時間をもって、自らの味方とし、時間をもって、自らの武器とする。
時間をもって、自らの血液とし、時間をもって、自らの栄養とする。

『智慧の経営』（334ページ）

先述のとおり、自分が時間をどのように使っているかは、一度ならずとも、しっかりと分析するべきでしょう。その上で、仕事に優先順位、または劣後《れつご》順位をつけるということが、「時間を掌握」し、「自由自在に駆使する」ということの意味だと思います。

また、「時間を味方にする」という言葉を、私は、メカニカルに仕事をすることと解釈しています。例えば、「毎朝1時間、英語の勉強をする」と決めて、その勉強を確実にやり続けたとします。そうすると、時間が経《た》てば経つほど、以前より英語能力は上がっていることでしょう。それがつまり、時間を味方につけるということなのです。さらに、「時間をもって自らの武器とする」というのは、仕事のスピードをアップさせるということです。仕事の遅い人が、付加価値を生み出すことは難しいと、肝《きも》に銘《めい》じてください。

最後の「時間をもって自らの血液とし、時間をもって自らの栄養とする」というのは、少し難しい命題です。勉強をし教養を高めるために、上手に時間を使っていきなさいという教えだと私は受け止めています。学び得たことを、心の栄養としていくことだと理解していいでしょう。

人を用いてこその経済あり。
人に用いられてこその経済あり。
人を見るということにおいて、経済は大いなる力を発揮し、
大いなる魂の場を提供するものなのだ。

『智慧の経営』（335ページ）

また、「人に用いられてこその経済」という言葉に、不思議な思いを抱かれる人もいるかもしれません。「人に用いられて、なぜ経済が発展するのか」と。もちろん、用いる側の人がいるからです。上手に「用いる側」と、上手に「用いられる側」が噛み合うことによって、組織というのは、付加価値が上がっていくものなのです。「自分が経営者で上には人がいない」という人は、神様に上手に使われるためには、どうするかを考えてみてください。

一般的には、最初は、「用いられる側」でしかなかった自分が、努力を重ね、やがて、人をうまく用いるようになってくる。組織というものは、こうして大きくなっていきます。

「人によく使われる人が、実は、人をよく使えるようになっていく」ということは、知っておくべきでしょう。

ですから、今はまだ「用いられる側」だという〝未来の経営者〟の方は、上司から指示されるたびに、「できません！」などと反発しているようでは困ります。よきマネージャー、よき経営者となっていくためには、「分かりました。Ｉ ｃａｎ！」と言える素直さや積極性が必要なのです。

また、抱《かか》えている仕事量が多過ぎて、どうしたらいいのか分からないのならば、優先順位を上司に尋ねてください。そして、どうか、「仕事は機嫌よく受ける」という姿勢を、心がけていただきたいのです。

私は、そのような場合、無理に見えても断らず、まず仕事を快く受け入れます。そして、優先順位を上司と相談し、最速で仕事をこなすよう心がけています。そうすると、不思議なことに、「できません」と言いながら、無理矢理やらされた時に比べて3倍くらいの生産性を上げることができることに気がつきました。反抗したところで、その仕事の山がなくなるわけではありません。

機嫌よく仕事を受ける部下が多くいることは、大きな組織をつくっていくコツだということも、最後に付け加えておきたいと思います。

実践経営の真髄・8項目

ここまで、『智慧の経営』をもとに、集中戦略、撤退戦略、クレーム処理、危機管理、実証精神、合理精神、顧客のニーズ把握、マーケット・セグメンテーションといった八つの実践経営の真髄を学んできました。昨日までの常識が一瞬に覆るような乱気流の時代に、巻き込まれて沈没しないというだけではなく、業績を伸ばし、発展していこうとするならば、素直に本書で学んだことを実践していくことです。

まず、この不況期に生き残っていくためには、「集中戦略」。その上で、失敗したと気づいたならば、「撤退する勇気」も必要でしょう。戦国武将でも、撤退が遅い者で長生きした人はいません。

そして、「クレーム処理」。会社を長く安定経営させていきたいと思うのなら、クレームによく耳を傾け、その声に対する、自らのマイナスの思いを変えるべきです。相手のせいにしていても、よくなることなどありません。それから、「危機管理」です。急速なグローバル化によって、これまでの経験が、水泡《すいほう》に帰《き》するような事態に直面することもあるでしょう。思いがけない悪に対して、お人好《ひとよ》しであっては対処できません。善をなそうとするなら、悪についての研究も必要です。経営者は脇を締め、正しい判断ができるよう、努力してください。

「実証精神」と「合理精神」についても、学んできました。経営判断のための情報収集は重要ですが、それを成果につなげていかなければ、仕事とは言えません。主観と客観、その両方の目で、情報や知識を整理していきましょう。

最後に、「顧客のニーズ把握」と「マーケット・セグメンテーション」についても解説しました。これは、特に重要です。顧客が何を求めているのかを中心に考えるということは、商売で成功していくための王道と言えます。それを分かっていながら、経営側というのは、どうしても自分の要求をお客様に突きつけてしまいがちだと、自らを戒めてください。

「うちのサービスは最高だから、買いなさい！」「この頑丈なゴムひもは、従来なかった物なんです」と言われても、「いや、間に合っています」と迷惑がられるだけでしょう。「ゴムひもの押し売り」など今時おかしいかもしれませんが、御社の製品と置き換えて考えてみてください。同じことをやっていないと言い切れるでしょうか。

やはり、顧客のニーズから発想していかなければ、成功はないのです。顧客が困っていること、悩んでいることを発見する。客観的に見て、ボトルネックになっている部分を見つけて差し上げる。それを解決するために、こちらができることは何かを一心に考える。そういう愛の思いが、まず、あってほしいと思います。

これからの経営は、「新製品をつくりました」「新しいサービスがあるから買ってください」といったプロダクト・アウトの考え方だけではなく、マーケット・インの発想をしていくべきでしょう。マーケットが考えていること、すなわち、お客様のニーズに合わせて、こちら側が変わっていかなければならない、ということです。そのように発想を切り替えられない限り、商売が成功するということは考えられません。少なくとも、成功し続けることはできないでしょう。

偶然、お客様のニーズと、こちら側の提供するものがパシッと合って、一発当たるということがないとは言いません。しかし、こうした成功が続くということは通常ありえないことですし、これを狙っていては、手堅い発展を遂げていくことは難しいと思います。

顧客ニーズを把握する重要性、お客様中心の考え方についても、さまざまに述べてきました。けれども、経営が順調に伸び、商売が繁盛してくると、「一人ひとりに細やかな対応なんてできません」「無理です」とおっしゃる社長が、必ずいらっしゃいます。しかし、やっていただきたい。やれる仕組みを、ぜひ、つくっていただきたい。それが、人材育成ということなのです。

経営者は、自分の分身をつくっていかなければいけません。そういう努力をしないことには、組織は大きくなっていくことはできないでしょう。社長一人だけが走り回っているようでは、大きな仕事はできないと、知る必要があります。

この『智慧の経営』は、「合理的な思想」と「神秘的な思想」とを融合させた先にある、「智慧の経営の真骨頂」が著《あらわ》された偉大な経営書です。本書で紹介したのはそのうちのほんの一部に過ぎません。この解説を参考に、ぜひ、この珠玉のエッセンスが集められた『智慧の経営』を一層味読《みどく》し、厳しい時代を戦い抜いていただきたいと願っています。

（注）八正道とは、正しく見る（正見《しょうけん》）、正しく思う（正思《しょうし》）、正しく語る（正語《しょうご》）、正しく行為をする（正業《しょうごう》）、正しく生活をする（正命《しょうみょう》）、正しく精進をする（正精進《しょうしょうじん》）、正しく念ずる（正念《しょうねん》）、正しく定に入る（正定《しょうじょう》）、こうした八つの項目のことで、「正命」とは、身（正

業）・口（正語）・意（正思）を統合して調和した生活を送ることだと言われる。

あとがき

『智慧《ちえ》の経営』とは、「言うは易《やす》く、行うは難《かた》い」教えであるとつくづく感じます。

幸福の科学の信者の皆さんの「真理企業」も、まだまだ成長段階にあり、これから何度も荒波を越えていかねばならないことでしょう。

しかし、幸福の科学という団体で『智慧の経営』を、実際に実践している方がいるということが、どれだけ私たちに勇気を与えてくれることでしょうか。

この教えを信じてついていくことで、「この乱気流の時代を乗り越えることができ、さらには発展することも可能である」と、希望の光を信じられることこそ、私は、経営者にとっての「信仰の功徳《くどく》」であると思います。

私の願いは、幸福の科学で学ぶ、すべての真理経営者の皆さんに、ぜひ、もう一段も、もう二段も、信仰心に磨きをかけていただき、大発展という成果を仏に御奉納いただきたいということです。それはどういうことかと言うと、真理を学び実践している真理経営者の皆さんに「法の実証者」となっていただきたいということです。

つまり、「大川総裁の経営の教えを実践したら、本当に大発展しました」という人を一人でも多く増やしたいのです。

そして、それが実は、世界を救う力となるのです。

もちろん、世界伝道を志《こころざ》し、外国語を勉強され、単身、海外伝道に乗り込んでいかれる方も、尊いお仕事であると思います。

しかし、この教えは、日本の経済的繁栄とともに世界の隅々に広がっていくのだと思います。日本の豊かな経済が、法の実証となり、「私たちの国でも学んでみたい」という声が、広がっていくのではないでしょうか。

世界中の人々に、経営的観点から仏法真理を学んでいただきたいと思います。

そして、世界の真理経営者が、手をつなぎ、貧困のない豊かな星、地球をつくるのです。これこそ、生前、ナチスの暴走を止められなかったドラッカーが夢見た構想だったのではないでしょうか。これまで全世界で独自の活動をしてきた「経営」が、世界の「宗教」「政治」の二極に加え、第三極となって、世界を救っていくのです。

さあ、これからが乱気流の時代の本番です。

今後、消費税がさらに10％に上昇し、世界が混沌の中に投げ込まれようとする時、皆さんの会社の準備は十分でしょうか。

今からでも遅くはありません。『智慧の経営』を学び、実践し、脇を固めていただきたいと思います。

仏や天上界の天使たちは、その発展の受け皿となる企業を常に探し求めています。どうかそれを信じ、日々、努力精進されますことを心の底より願っております。

最後に、本書の作成に携わってくださった多くの皆さん、並びに、このような尊い執筆の機会を賜りました、幸福の科学グループ創始者兼総裁・大川隆法先生に心よりの感謝を捧げ、筆を置かせていただくことといたします。

ありがとうございました。

（合掌）

２０１４年10月27日

学校法人幸福の科学学園　大学設立準備室ソフト担当副局長　石見泰介

参考文献

序章

大川隆法．（２０００）．幸福への道標．幸福の科学出版．

――――．（１９９７）．不動心．幸福の科学出版．

――――．（２０１２）．マインド・セットを変えよ．幸福の科学．

――――．（２０１４）．財務的思考とは何か．幸福の科学出版．

――――．（２０１３）．ダイエー創業者 中内㓛・衝撃の警告　日本と世界の景気はこう読め．幸福の科学出版．

コリンズ，ジム＋ハンセン，モートン．（２０１２）．ビジョナリー・カンパニー④．（牧野洋　訳）．日経ＢＰ社．

ガラード，チェリー．（２００２）．世界最悪の旅．（加納一郎　訳）．中公文庫．

第1章
大川隆法.（2012）.智慧の経営.幸福の科学出版.
――――.（2008）.経営入門.幸福の科学出版.
ポーター，M.E.（1995）.競争の戦略.（土岐坤＋服部照夫＋中辻万治 訳）.ダイヤモンド社.
キム，W.チャン＋モボルニュ，レネ.（2005）.ブルー・オーシャン戦略.（有賀裕子訳）.ランダムハウス講談社.

第2章
大川隆法.（2012）.智慧の経営.幸福の科学出版.
――――.（2014）.経営が成功するコツ.幸福の科学出版.

第3章

大川隆法.（2012）．智慧の経営．幸福の科学出版．

――――．（2007）．マネジメントとは何かPart2．幸福の科学．

鈴木敏文.（2013）．売る力．文春新書．

大橋武夫.（1983）．図鑑・兵法百科．マネジメント社．

第4章

大川隆法.（2012）．智慧の経営．幸福の科学出版．

――――．（2009）．社長学入門．幸福の科学出版．

一倉定.（1991）．社長の販売学．産能大学出版部．

岩田松雄.（2012）．ミッション．アスコム．

エイブラハム，ジェイ．（2005）．ハイパワー・マーケット．（金森重樹　監訳）．インデックス・コミュニケーションズ．

高野登．（2005）．リッツ・カールトンが大切にするサービスを超える瞬間．かんき出版．

山下辰夫＋中村元一．（2001）．成功経営の法則．ダイヤモンド社．

ジョーンズ，パトリシア＋カハナー，ラリー．（2001）．世界最強の社訓．（堀紘一 監訳）．講談社．

ガーバー，マイケル，E．（2007）．起業家精神に火をつけろ！．エレファント・パブリッシング．

第5章
大川隆法．（2012）．智慧の経営．幸福の科学出版．

オトゥール，ジェームズ．（1986）．バンガード・マネジメント．（土岐坤 訳）．ダイヤモンド社．

日経ビジネス編集部．（2011）．実践！ビジョナリー経営．日経ビジネス．

柳井正．（2006）．一勝九敗．新潮文庫．

栗原幹雄．（２００８）．面白いことをとことんやれば、「起業」はうまくいく。．アスペクト．

第６章

大川隆法．（２０１２）．智慧の経営．幸福の科学出版．

――――．（２０１２）．The Laws of Wealth. 幸福の科学．

ドラッカー，Ｐ．Ｆ．（２００１）．マネジメント【エッセンシャル版】．（上田惇生 訳）．ダイヤモンド社．

コトラー，フィリップ＋ケラー，ケビン，レーン．（２００８）．コトラー&ケラーのマーケティング・マネジメント基本編．（月谷真紀 訳）．ピアソン・エデュケーション．

坂本光司．（２０１１）．日本でいちばん大切にしたい会社３．あさ出版．

細井勝．（２００６）．加賀屋の流儀．ＰＨＰ研究所．

角田仁．（２０１１）．「驚き」経営を探して．青山社．

ＮＨＫ取材班編．（１９９５）．電子兵器「カミカゼ」を制す．角川文庫．

永松茂久．（2011）．感動の条件．KKロングセラーズ．

第7章
大川隆法．（2012）．智慧の経営．幸福の科学出版．
ドラッカー，P．F．（2006）．経営者の条件．（上田惇生　訳）．ダイヤモンド社．

著者＝石見泰介（いわみ・たいすけ）

1962年８月生まれ。大阪府出身。筑波大学第三学群社会工学類卒業（経営工学専攻）。社会科学士。在学中から学習塾を経営し、卒業後は、大手経営コンサルタント会社で営業として活躍。常にトップクラスの業績を上げ、25歳で最年少営業所長に抜擢される。1991年６月、幸福の科学に奉職。事務局、財務局、支部長、本部長などを経て、2003年より精舎講師として、特に経営者や経営管理者を対象とする研修等の講師を担当する。その後、精舎活動推進局「経営研修担当」として、全国で経営セミナーを展開しながら300社以上の信者企業の経営相談を行う。総本山・未来館館長を経て、現在、学校法人幸福の科学学園 大学設立準備室ソフト担当副局長。一男四女の父親でもある。

乱気流時代を勝ち抜く経営

2014年 11月 13日　初版第１刷

著　者　石見 泰介
発行者　本地川 瑞祥
発行所　幸福の科学出版株式会社
〒107-0052　東京都港区赤坂２丁目10番14号
TEL（03）5573-7700
http://www.irhpress.co.jp/

印刷・製本　株式会社 堀内印刷所

落丁・乱丁本はおとりかえいたします

ISBN978-4-86395-588-2 C0030

写真 ：©metsafile-Fotolia.com

大川隆法ベストセラーズ・発展する企業を創る

智慧の経営

不況を乗り越える
常勝企業のつくり方

豪華装丁
函入り

集中戦略、撤退戦略、クレーム処理、合理精神、顧客ニーズの把握――会社の置かれた状況や段階に合わせた、キメ細かな経営のヒント。

10,000 円

忍耐の時代の経営戦略

企業の命運を握る
３つの成長戦略

豪華装丁
函入り

2014 年以降のマクロ経済の動向を的確に予測！　これから厳しい時代に突入する日本において、企業と個人がとるべき「サバイバル戦略」を示す。

10,000 円

未来創造のマネジメント

事業の限界を突破する法

豪華装丁
函入り

変転する経済のなかで、成長し続ける企業とは、経営者とは。経営判断、人材養成、イノベーション――戦後最大級の組織をつくりあげた著者による、現在進行形の「経営の悟り」の書。

9,800 円

※表示価格は本体価格（税別）です。

大川隆法ベストセラーズ・経営の極意を学ぶ

イノベーション経営の秘訣
ドラッカー経営学の急所

わずか二十数年で世界百カ国以上に信者を持つ宗教組織をつくり上げた著者が、20世紀の知的巨人・ドラッカーの「経営思想」の勘所を説き明かす。

1,500円

危機突破の社長学
一倉定の「厳しさの経営学」入門

経営の成功とは、鍛え抜かれた厳しさの中にある。生前、5000社を超える企業を立て直した、名経営コンサルタントの社長指南の真髄がここに。

1,500円

財務的思考とは何か
経営参謀としての財務の実践論

ドラッカーさえ知らなかった"経営の秘儀"とは何か。起業から事業・業容の拡大、そして大規模企業へ——そのプロセスで変遷する「財務的思考」の要諦を明らかに。

3,000円

「経営成功学の原点」としての松下幸之助の発想

「ダム経営」「事業部制」「無借金経営」。経営の神様・松下幸之助の姿勢に学ぶ、真剣勝負の経営法! 時代を超えても変わらない経営の本質を探究。

1,500円

※表示価格は本体価格(税別)です。

大川隆法ベストセラーズ・経営の極意を学ぶ

「実践経営学」入門

「創業」の心得と「守成」の帝王学

「経営の壁」を乗り越える社長は、何が違うのか。経営者が実際に直面する危機への対処法や、成功への心構えを、Q＆Aで分かりやすく伝授する。

1,800円

経営が成功するコツ

実践的経営学のすすめ

付加価値の創出、マーケティング、イノベーション、人材育成……。ゼロから事業を起こし、大企業に育てるまでに必要な「経営の要諦」が示される。

1,800円

経営の創造

新規事業を立ち上げるための要諦

才能の見極め方、新しい「事業の種」の探し方、圧倒的な差別化を図る方法など、深い人間学と実績に裏打ちされた「経営成功学」の具体論が語られる。

2,000円

■「大学シリーズ」60冊を一挙解説

大川真輝の「幸福の科学大学シリーズ」の学び方

大川真輝 著

1,300円

■ 未来を創造するヒントを得る

「未知」への挑戦

幸福の科学大学が拓く新しい夢

福井幸男 著

「霊界科学」の可能性とは？　筑波大学名誉教授 福井幸男が、新時代の大学教育の理想を示す。

1,100円

フロンティアを拓く未来技術

幸福の科学大学が目指す
新たなステージ

近藤海城 著

次世代の天才は、いかにして生まれるのか？「神を信じる力」が未来の科学技術をつくり出すことを明確にした一書。

1,100円

経営を成功に導く心の力

できる社長は宗教に学ぶ

原田尚彦 著

松下幸之助など、優秀な経営者は、宗教に何を学んでいたのか？　成功する経営者の心の使い方を解き明かした一書。

1,100円

「自分の時代」を生きる

霊的人生観と真の自己実現

金子一之 著

「誰でもなりたい自分になれる」をテーマに、心の力の使い方や自己実現の方法を、誰でも実践できるかたちで詳しく解説。

1,100円

※表示価格は本体価格（税別）です。

実戦英語仕事学

木村智重 著

国際社会でリーダーになるために欠かせない「実戦英語」の習得法を、大手銀行の国際エリートビジネスマンの経歴を持つ幸福の科学学園理事長が明かす。

1,200円

夫婦でTOEIC990点満点対談

楽しく学んでTOEIC満点レベルの「英語大好き人間」に

松本泰典・松本摩耶 共著

英語学習の知的な楽しみ方と、TOEICスコアアップの秘訣。この本で、もっと英語が好きになる！

1,200円

TOEIC990点満点到達法

世界への「貢献マインド」で磨く英語力

松本泰典 著

実戦経験豊富な著者が惜しみなく明かす、真のグローバル人材になるためのマインドと、TOEIC満点への到達方法。世界に貢献する人材を目指す人に。

1,100円

大学教育における信仰の役割

宗教教育だからこそ、努力を惜しまない有用な人材を育てることができる。著者と４人の学生が、未来を拓く教育について熱く議論を交わした座談会を収録。

1,200 円

幸福の科学大学の目指すもの

ザ・フロンティア・スピリット

既存の大学に対する学生の素朴な疑問、経営成功学部とＭＢＡの違い、学問の奥にある「神の発明」など、学問の常識を新しくする論点が満載。

1,200 円

新しき大学とミッション経営

出版不況の中、２年間で売上５割増、経常利益 2.7 倍を成し遂げた著者が語るミッション経営の極意。経営を成功させるための「心」の使い方を明かす。

1,200 円

※表示価格は本体価格（税別）です。

■ 新しい「知」が見える。——黒川白雲著作

人間とは何か

幸福の科学教学の新しい地平

哲学、心理学、生物学の博士らとの対談を通じ、最先端の学問的研究から、唯物論、進化論の矛盾を明確化。人間機械論の迷妄を打ち砕き、新しい「人間の定義」を示す。

1,200円

比較幸福学の基本論点

偉人たちの「幸福論」を学ぶ

「幸福論」シリーズ（ソクラテス、キリスト、ヒルティ、アラン、孔子、ムハンマド、釈尊）を一気に解説し、偉人たちの「幸福論」を深く理解するための“ガイドブック”。

1,200円

知的幸福整理学

「幸福とは何か」を考える

世界的に流行りを見せる「幸福論」を概観し、膨大な「幸福学」を一冊でざっくり整理。最終結論としての幸福の方法論を示す。

1,200円

Noblesse《ノーブレス》 Oblige《オブリージ》

「高貴なる義務」を果たす、
「真のエリート」を目指せ。

幸福の科学学園
中学校・高等学校（那須本校）

Happy Science Academy Junior and Senior High School

「私は、
教育が人間を創ると
信じている一人である。
若い人たちに、
夢とロマンと、精進、
勇気の大切さを伝えたい。
この国を、全世界を、
ユートピアに変えていく力を
出してもらいたいのだ。」

（幸福の科学学園 創立記念碑より）

幸福の科学学園 創立者
大川隆法

幸福の科学学園（那須本校）は、幸福の科学の教育理念のもとにつくられた、男女共学、全寮制の中学校・高等学校です。自由闊達な校風のもと、「高度な知性」と「徳育」を融合させ、社会に貢献するリーダーの養成を目指しており、2014年4月には開校四周年を迎えました。

Noblesse《ノーブレス》 Oblige《オブリージ》

「高貴なる義務」を果たす、
「真のエリート」を目指せ。

2013年 春 開校

幸福の科学学園
関西中学校・高等学校

Happy Science Academy
Kansai Junior and Senior High School

私は日本に
真のエリート校を創り、
世界の模範としたい
という気概に満ちている。
『幸福の科学学園』は、
私の『希望』であり、
『宝』でもある。
世界を変えていく、
多才かつ多彩な人材が、
今後、数限りなく
輩出されていくことだろう。
（幸福の科学学園関西校 創立記念碑より）

幸福の科学学園 創立者
大川隆法

滋賀県大津市、美しい琵琶湖の西岸に建つ幸福の科学学園（関西校）は、男女共学、通学も入寮も可能な中学校・高等学校です。発展・繁栄を校風とし、宗教教育や企業家教育を通して、学力と企業家精神、徳力を備えた、未来の世界に責任を持つ「世界のリーダー」を輩出することを目指しています。

幸福の科学学園・教育の特色

「徳ある英才」の創造

教科「宗教」で真理を学び、行事や部活動、寮を含めた学校生活全体で実修して、ノーブレス・オブリージ(高貴なる義務)を果たす「徳ある英才」を育てていきます。

体育祭

天分を伸ばす「創造性教育」

教科「探究創造」で、偉人学習に力を入れると共に、日本文化や国際コミュニケーションなどの教養教育を施すことで、各自が自分の使命・理想像を発見できるよう導きます。さらに高大連携教育で、知識のみならず、知識の応用能力も磨き、企業家精神も養成します。芸術面にも力を入れます。

探究創造科発表会

一人ひとりの進度に合わせた「きめ細やかな進学指導」

熱意溢れる上質の授業をベースに、一人ひとりの強みと弱みを分析して対策を立てます。強みを伸ばす「特別講習」や、弱点を分かるところまでさかのぼって克服する「補講」や「個別指導」で、第一志望に合格する進学指導を実現します。

授業の様子

自立心と友情を育てる「寮制」

寮は、真なる自立を促し、信じ合える仲間をつくる場です。親元を離れ、団体生活を送ることで、縦・横の関係を学び、力強い自立心と友情、社会性を養います。

毎朝夕のお祈りの時間

幸福の科学学園の進学指導

1 英数先行型授業

受験に大切な英語と数学を特に重視。「わかる」(解法理解)まで教え、「できる」(解法応用)、「点がとれる」(スピード訓練)まで繰り返し演習しながら、高校三年間の内容を高校二年までにマスター。高校二年からの文理別科目も余裕で仕上げられる効率的学習設計です。

授業の様子

2 習熟度別授業

英語・数学は、中学一年から習熟度別クラス編成による授業を実施。生徒のレベルに応じてきめ細やかに指導します。各教科ごとに作成された学習計画と、合格までのロードマップに基づいて、大学受験に向けた学力強化を図ります。

3 基礎力強化の補講と個別指導

基礎レベルの強化が必要な生徒には、放課後や夕食後の時間に、英数中心の補講を実施。特に数学においては、授業の中で行われる確認テストで合格に満たない場合は、できるまで徹底した補講を行います。さらに、カフェテリアなどでの質疑対応の形で個別指導も行います。

4 特別講習

夏期・冬期の休業中には、中学一年から高校二年まで、特別講習を実施。中学生は国・数・英の三教科を中心に、高校一年からは五教科でそれぞれ実力別に分けた講座を開講し、実力養成を図ります。高校二年からは、春期講習会も実施し、大学受験に向けて、より強化します。

詳しい内容、パンフレット、募集要項のお申し込みは下記まで。

幸福の科学学園 関西中学校・高等学校

〒520-0248
滋賀県大津市仰木の里東2-16-1
TEL.077-573-7774
FAX.077-573-7775
[公式サイト]
www.kansai.happy-science.ac.jp
[お問い合わせ]
info-kansai@happy-science.ac.jp

幸福の科学学園 中学校・高等学校

〒329-3434
栃木県那須郡那須町梁瀬 487-1
TEL.0287-75-7777
FAX.0287-75-7779
[公式サイト]
www.happy-science.ac.jp
[お問い合わせ]
info-js@happy-science.ac.jp

仏法真理塾

サクセスNo.1

未来の菩薩を育て、仏国土ユートピアを目指す！

仏法真理塾「サクセスNo.1」とは

宗教法人幸福の科学による信仰教育の機関です。信仰教育・徳育にウエイトを置きつつ、将来、社会人として活躍するための学力養成にも力を注いでいます。

サクセスNo.1 東京本校（戸越精舎内）

「サクセス№1」のねらいには、「仏法真理と子どもの教育面での成長とを一体化させる」ということが根本にあるのです。

大川隆法総裁　御法話「『サクセス№1』の精神」より

エンゼルプランV

信仰教育をベースに、知育や創造活動も行っています。

信仰に基づいて、幼児の心を豊かに育む情操教育を行っています。また、知育や創造活動を通して、ひとりひとりの子どもの個性を大切に伸ばします。お母さんたちの心の交流の場ともなっています。

TEL 03-5750-0757　FAX 03-5750-0767
メール angel-plan-v@kofuku-no-kagaku.or.jp

ネバー・マインド

不登校の子どもたちを支援するスクール。

「ネバー・マインド」とは、幸福の科学グループの不登校児支援スクールです。「信仰教育」と「学業支援」「体力増強」を柱に、合宿をはじめとするさまざまなプログラムで、再登校へのチャレンジと、進路先の受験対策指導、生活リズムの改善、心の通う仲間づくりを応援します。

TEL 03-5750-1741　FAX 03-5750-0734
メール nevermind@happy-science.org

ユー・アー・エンゼル！（あなたは天使！）運動

障害児の不安や悩みに取り組み、ご両親を励まし、勇気づける、障害児支援のボランティア運動です。学生や経験豊富なボランティアを中心に、全国各地で、障害児向けの信仰教育を行っています。保護者向けには、交流会や、医療者・特別支援教育者による勉強会、メール相談を行っています。

TEL 03-5750-1741　FAX 03-5750-0734
メール you-are-angel@happy-science.org

シニア・プラン21

生涯反省で人生を再生・新生し、希望に満ちた生涯現役人生を生きる仏法真理道場です。週1回、開催される研修には、年齢を問わず、多くの方が参加しています。現在、全国8カ所（東京、名古屋、大阪、福岡、新潟、仙台、札幌、千葉）で開校中です。

東京校 TEL 03-6384-0778　FAX 03-6384-0779
メール senior-plan@kofuku-no-kagaku.or.jp

入会のご案内

あなたも、幸福の科学に集い、
ほんとうの幸福を
見つけてみませんか？

幸福の科学では、大川隆法総裁が説く仏法真理をもとに、「どうすれば幸福になれるのか、また、他の人を幸福にできるのか」を学び、実践しています。

入会

大川隆法総裁の教えを信じ、学ぼうとする方なら、どなたでも入会できます。入会された方には、『入会版「正心法語」』が授与されます。（入会の奉納は1,000円目安です）

ネットでも**入会**できます。詳しくは、下記URLへ。
happy-science.jp/joinus

三帰《さんき》誓願《せいがん》

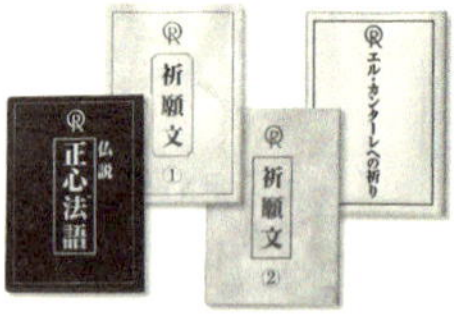

仏弟子としてさらに信仰を深めたい方は、仏・法・僧の三宝への帰依を誓う「三帰誓願式」を受けることができます。三帰誓願者には、『仏説・正心法語』『祈願文①』『祈願文②』『エル・カンターレへの祈り』が授与されます。

植福《しょくふく》の会

植福は、ユートピア建設のために、自分の富を差し出す尊い布施の行為です。布施の機会として、毎月1口1,000円からお申込みいただける、「植福の会」がございます。

「植福の会」に参加された方のうちご希望の方には、幸福の科学の小冊子（毎月1回）をお送りいたします。詳しくは、下記の電話番号までお問い合わせください。

月刊「幸福の科学」

ザ・伝道

ヤング・ブッダ

ヘルメス・エンゼルズ

INFORMATION
幸福の科学サービスセンター
TEL. **03-5793-1727**（受付時間 火〜金：10〜20時／土・日：10〜18時）
宗教法人 幸福の科学 公式サイト **happy-science.jp**